名作を深く読んで、国語を知る

スーパー読解『舞姫』

小田原漂情編著

言問学舎

スーパー読解『舞姫』　目次

スーパー読解『舞姫』への序

伊藤氏貴

大きく変動する世界の中で、「国語」はいろいろな面で危機に瀕しています。

「グローバリズム」の流れの中で、英語の重要性が強調される一方で、国語はおろそかにされていないでしょうか。

また、ＡＩが急速に発達する中で、人間の仕事が奪われるとも言います。ことばにまつわる仕事でも、既にＮＨＫのニュースの一部はＡＩが流暢に読んでいますし、新聞や雑誌の記事もＡＩが書くようになりつつあります。チャットＧＰＴという対話型ＡＩは、尋ねたことにかなり自然な日本語で答えてくれます。

こんな状況下で国語を真剣に学ぶ意味がどこにあるのでしょうか。それよりは英語やプログラミングやデータサイエンスをやらないと、世の中についていけなくなってしまうのではないでしょうか。そう考える若い人は少なくないかもしれません。

さらに、「国語」の内部にも危機はあります。センター試験が大学入学共通テストに切り替わる際に発表された試行テストは、駐車場の契約書や自治体の広報が問題文として出題されて話題を呼びました。幸い、多くの反対にあい、導入は見送られましたが、高校の「国語」には「現代の国語」「論理国語」という新科目が設立され、実用文が扱われることになりました。

「現代の国語」と「論理国語」について説明しておきます。これまでの高一の「国語総合」が「現代の国語」と「言語文化」とに二分割され、前者で実用文が大々的に扱われる一方、後者に文学的文章と古典のすべてが押し込められ量がかなり減りました。さらに問題なのは高二・三で、「論理国語」「文学国語」という科目ができたことです。これはかつての「現代文B」という四単位の科目を二分割したものではなく、どちらも四単位のため、高校ではこのどちらか一方を選択せざるをえません。受験を考える高校は多くの場合「論理国語」を選択し、そうなるとたとえば中島敦の『山月記』や夏目漱石の『こころ』、そして鷗外『舞姫』を授業で読む機会は、一切なくなってしまいます。彼らは高二・三とずっと「国語」の授業で実用文や評論ばかりを読むことになるのです。

しかし、実用文こそ、先述のとおりＡＩに任せておけばすむのではないでしょうか。契約書のミスを見つけて修正するようなコンピューターソフトは既に開発されているのです。私にはこの一連の国語

「改革」は、流れに逆行しているように思えてなりません。

今だからこそ、学ぶべき「国語」とはなにかということを真剣に考えなければならないのはたしかです。グローバリズムの流れの中で戦い、ＡＩに負けない力を養うために必要な「国語」とはなにか。その答えの一端が、本書にあります。

森鷗外『舞姫』もまた、高校の授業から消えようとしている名作の一つですが、この主人公・太田豊太郎と作者・鷗外のことをちょっと考えてみてください。

まず二人は語学の達人です。豊太郎は他の留学生の語学のレベルを馬鹿にしていますし、なんとエリスのドイツ語の訛りを直しているのです。フランス語までできる豊太郎は、現在のグローバリズムを立派に生き抜ける人物でしょう。

しかもこれを名文で記す作者・森鷗外は国語の達人でもあります。日本語の深い素養があればこそ、外国語にも堪能でありえたのです。『こころ』の漱石も、『羅生門』の芥川も英語の教師をしていました。彼らの語学の能力は、日本語の能力に支えられていたはずです。

間違いありません。私もかつて高校の英語教員をしていましたが、英語の勉強をいくら一生懸命していても、途中で成績がストップしてしまう生徒を何人も見てきました。彼らに共通するのは、国語ができない、ということでした。英語を日本語に訳すことができたとしても、その文章が何を言いたいのかという書き手の意図が汲めないのです。

この点が、ＡＩ全盛時代の国語というもう一つのポイントと繋がります。実用文などはＡＩに任せておけばよい。むしろ必要な力、すなわちＡＩには決して達成できない国語力とは、相手の深い意図を汲む力です。漱石は、「I love you.」を「月がきれいですね」と訳せと言ったとか言わなかったとか、ともかく、「月がきれいですね」が愛の告白だと理解するのは、ＡＩには無理でしょう。同じことばが文脈などによって全く別の意味になるとき、相手の意図がどこにあるのかを汲みとるのは、多様性が謳われる社会であればこそ、なおさら必要かつ重要な能力です。

本書には、たんなるマーク式では得られない、深い洞察を求める問題がちりばめられています。なかには、解答を一つに決めきれない、「自分の考えを書け」という問題もありますが、こういう問いこそ、今の世の中で必要なものです。なんでもいいというわけでは決してありません。あくまで本文の精緻な読解に基づいた考えが求められ、さらにはそれを互いに披露しあって議論し、より考えを深めることもできるでしょう。

　グローバル化しＡＩの台頭する世界で、相手の深い意図を汲みとり、自分の考えを伝えるための国語力ほど重要なものはありません。かつて日本が大きく変わろうとするなか、当時の抜きんでたグローバリストであった鷗外は、軍人＝役人としても出世を極めました。日本全体が西洋コンプレックスにまみれていた時代に、西洋人と対等に議論をした人でもありました。そのような人の書いた日本語の名文をまず口に出して存分に味わってください。そしてここに載せられた精緻な現代語訳を通じて、ことばの意味をじっくり噛みしめてください。そのなかで、この変わりゆく時代を生き抜く力が十分に養われるでしょう。

明治大学文学部教授　伊藤氏貴

本書の構成について

本書の表記は、原則として岩波書店『鷗外全集』第一巻（昭和四十六年十一月二十二日発行）に拠り、現在の読者が読みやすいよう、用字、ルビや送り仮名等について一部をあらためています。

「スーパー読解シート」の構成上、本文全体をⅠ、Ⅱ、Ⅲ、Ⅳに分かち、それぞれの章番号の下にかっこ書きで内容のまとめとなる仮見出しをつけました。便宜上、内容紹介をかねた見出しのあることが、読みたい箇所にたどりつく手助けになると考えてのことであり、鷗外の原文は分かち書きされておらず、章題などもつけられていないことを、おことわりさせていただきます。

また、内容をとらえやすくするためにⅠ～Ⅳのまとまりごとに現代語訳を掲載し、そのあとに「スーパー読解シート」をつづけてありますが、スミ（黒字）のページだけを読めば本文を通しで、青字のページだけを読めば現代語訳を通しで、それぞれ読むことができます。

「スーパー読解シート」は、主として高校生のために、この作品を読み解く上での手がかりとなる箇所に、問いかけを設定したものです。明らかな「正解」のある問いかけと、「自分の考え」を書いてもらう問いかけがあります。まずはⅠ～Ⅳそれぞれの「スーパー読解シート」の問いかけに、書き込み式で答えや自分の考えを書いて下さい。１１４ページ以降に、「解答または記述例」を、まとめて掲載してあります。

「正解」「正答」のある問いかけについては「答え合わせ」のための解答ですが、「自分の考え」を求めている問いかけについての記述例は、あくまで編著者（小田原漂情）の解釈です。小説作品の解釈は何通りもありえますから、記述例をヒントにして、自分の考えをさらに練り上げてみて下さい。

また、巻末にＤＶＤがついています。鷗外の原文を小田原漂情が音読していますから、文語体（古文）の文章が読みづらい方は、一度ＤＶＤを視聴してから、原文を読み直してみて下さい。少し慣れたら、ＤＶＤの音読を聞きながら原文を読むのも良いかも知れません。

では『舞姫』の深く魅力的な世界へ、ともにまいりましょう。

原文　Ⅰ（独白‐帰国の船中）

石炭をばはや積み果てつ。中等室の卓《つくゑ》のほとりはいと静かにて、熾熱灯《しねつとう》の光の晴れがましきも徒《いたづら》なり。今宵は夜毎《ごと》にここに集ひ来る骨牌《カルタ》仲間も「ホテル」に宿りて、舟に残れるは余のみなれば。五年《いつとせ》前のことなりしが、平生《ひごろ》の望み足りて、洋行の官命をかうむり、このセイゴンの港まで来しころは、目に見るもの、耳に聞くもの、①一つとして新たならぬはなく、筆にまかせて書き記しつる紀行文日ごとに幾千言をかなしけん。当時の新聞に載せられて、世の人にもてはやされしかど、今日になりて思へば、をさなき思想、身の程知らぬ放言、さらぬも尋常《よのつね》の動植金石、さては風俗などをさへ珍しげに記ししを、心ある人はいかにか見けん。こたびは途《みち》に上りし時、日記《にき》ものせんとて買ひし冊子もまだ白紙のままなるは、独逸《ドイツ》にて物学びせし間《ま》に、一種の「ニル・アドミラリイ」の気象をや養ひ得たりけん、②あらず、これには別に故あり。

げに東《ひんがし》に還《かへ》る今の我は、西に航せし昔の我ならず、学問こそなほ心に飽き足らぬところも多かれ、浮世のうきふしをも知りたり、人の心の頼み難きは言ふも更なり、われとわが心さへ変はりやすきをも悟り得たり。きのふの是《ぜ》はけふの非なる我が瞬間の感触を、筆に写して誰《たれ》にか見せん。これや日記の成らぬ縁故なる、②あらず、これには別に故あり。

嗚呼《ああ》、ブリンジイシイの港を出でてより、はや二十日《はつか》あまりを経ぬ。世の常ならば生面《せいめん》の客にさへ交《まじはり》を結びて、旅の憂さを慰めあふが航海の習《ならひ》なるに、微恙《びやう》にことよせて房《へや》のうちにのみ籠りて、同行の人々にも物言ふことの少なきは、②人知らぬ恨みに頭のみ悩ましたればなり。この恨みは初め一抹の雲のごとく我が心をかすめて、瑞西《スイス》の山色《さんしょく》をも見せず、伊太利《イタリア》の古蹟《こせき》にも心を留《とど》めさせず、中ごろは世を厭《いと》ひ、身をはかなみて、腸《はらわた》日ごとに九廻すともいふべき惨痛を我に負はせ、今は心の奥に凝り固まりて、一点の翳とのみなりたれど、③文《ふみ》読むごとに、物見るごとに、鏡に映る影、声に応ずる響《ひびき》のごとく、限りなき懐旧の情を喚《よ》び起こして、④幾たびとなく我が心を苦しむ。嗚呼《ああ》、いかにしてかこの恨みを銷《せう》せん。もしほかの恨みなりせば、詩に詠じ歌に詠める後《のち》は心地すがすがしくもなりなん。これのみはあまりに深く我が心に彫《ゑ》りつけられたればさはあらじと思へど、今宵はあたりに人もなし、房奴《ぼうど》の来て電気線の鍵をひねるにはなほ程もあるべければ、いで、その概略を文《ふみ》に綴《つづ》りてみん。

現代語訳　Ⅰ（独白 - 帰国の船中）

石炭を、もうすっかり積み終えたようだ。いま私がいる中等室のサロンのテーブルのあたりはとても静かで、白熱灯のあかりが煌々《こうこう》とかがやいているのも、かえってむなしい気がする。毎晩ここに集まって来るトランプ仲間たちも町のホテルに泊まりに行って、船に残っているのは私一人だからだ。五年前のことだったが、日ごろの念願がかなって、洋行の官命を拝受することとなり、このサイゴンの港まで来たころは、目に映るものも、耳に聞くものも、一つとして新鮮でないものはなく、筆のおもむくままに書きつらねた紀行文は、日々幾千語にもなっただろうか。当時の新聞に掲載されて、世間の人々にもてはやされたが、この今日の目から見て見れば、幼稚な思想、身の程を知らないおしゃべり、そうでなければとりたてて珍しくもない動植物や金銀宝石のたぐい、はてには港々の風俗などをもものの珍しげに書き散らしたのを、教養のある人たちはどのように見たことだろう。帰路の今回は、帰国の途についた時、日記など書こうと思って買ったノートもまだ白紙のままなのだが、ドイツで学問をしている間に、冷淡で無感動な「ニル・アドミラリイ」の気質がそなわったためだろうか、いや違う、それには別の理由があるのだ。

ほんとうに、東（日本）に帰る今の私は、西（ヨーロッパ）をめざして船旅をしていた昔の自分ではない。学問についてはまだ心残りのあるところも多いけれど、この浮世の酸《す》いも甘いも知り、人の心が信頼できないことは言うまでもなく、何より自分自身の心でさえ、あてにならず変わりやすいのを身にしみて知ってしまったのだ。昨日のイエスが今日はノーに変わってしまう自分の瞬間的な心の変転のさまを、文章に書きあらわして誰に見せることができよう。これが日記の書けない理由だろうか、いや違う、もっと別の理由があるのだ。

ああ、イタリアのブリンディジの港を出港してから、もう二十日あまりが過ぎた。当たり前なら、初対面の船客とでも交流をして、旅の無聊《ぶりょう》を慰めあうのが船旅のならいなのだが、ちょっと熱っぽいのを理由にして自分の船室にこもり、一緒に日本に帰る同行者たちとも言葉を交わすことが少ないのは、誰にも知られることのない恨みに（肉体でなく）精神ばかりをさいなまれているからなのだ。この恨みは、最初はひとひらの雲のように私の心に浮かんできて、スイスの山並みに目をくれさせることもなく、イタリアの遺跡にも注意を向けさせず、旅の中ごろは厭世的《えんせいてき》な気持ちになり、自分を否定させ、内臓が一日に九回もえぐりかきまわされるとでもいうべき苦しみを私に負わせて、今は心中の奥深くにこりかたまって、一つの影になっているだけだが、何かの言葉に触れるにつけ、かかわりのあるものを見るにつけても、限りなく、愛しく懐かしい思いを呼び起こして、幾度ということなく私の心を苦しめる。ああ、どのようにして、この恨みをしまいこめばよいのだろうか。もしほかの恨みだったとしたら、詩を書いたり、短歌を詠んだりした後は、心が洗われてすがすがしくなることもあるだろう。しかしこのことばかりはあまりにも深く私の心に彫《ほ》り刻まれたことであるから、そのようなことはあるまいと思うのだけれど、ちょうど今宵はあたりに人もいないし、ボーイが来て灯りを消すのにもまだ時間があるだろうから、さあ、そのあらましを書き綴ってみようか。

スーパー読解シート　Ⅰ（独白－帰国の船中）

①原文１１ページ６行目「一つとして新たならぬはなく」を現代語訳せよ。また、何という技法か（主として漢文で習う）。

②原文１１ページ１１行目および１２ページ３行目に「あらず、これには別に故《ゆゑ》あり（いや違う、これには別の理由があるのだ）」の表現が二度みられ、１２ページ６行目の「人知らぬ恨みに頭のみ悩ましたればなり（誰にも知られることのない恨みに《肉体でなく》精神ばかりをさいなまれているからなのだ）。」へとつながって、「恨み」が導き出されているが、ここには主人公のどのような思いが投影されていると考えるか。

③原文12ページ9行目〜「文読《ふみ》むごとに、物見るごとに、鏡に映る影、声に応ずる響きのごとく、限りなき懐旧の情を喚《よ》び起こし」のところで、主人公の心に浮かんでくるのは誰か。

④原文12ページ10行目「幾たびとなく我が心を苦しむ」の「苦しむ」は、自動詞か他動詞か。理由も説明せよ。

⑤②の「恨み」とは、誰に対する「恨み」か。A．直接に考えられる人物の名、B．「恨み」を「悔恨」

（後悔して残念に思うこと／広辞苑）の意味にまで広義に解釈した上で、どのような思いか、説明せよ。

A.

B.

原文　Ⅱ（ドイツへの留学 - 己に目覚める）

⑥余は幼きころより厳しき庭の訓《をしへ》を受けしかひに、父をば早く喪《うしな》ひつれど、学問の荒《すさ》み衰ふることなく、旧藩の学館に在りし日も、東京に出でて予備黌《よびくわう》に通ひし時も、大学法学部に入りし後も、太田豊太郎といふ名はいつも一級の首《はじめ》に記されたりしに、独り子の我を力になして世を渡る母の心は慰みけらし。十九の歳には学士の称を受けて、大学の立ちてよりそのころまでにまたなき名誉なりと人にも言はれ、某《なにがし》省に出仕して、故郷なる母を都に呼び迎へ、楽しき年を送ること三年《みとせ》ばかり、官長の覚え殊なりしかば、洋行して一課の事務を取り調べよとの命を受け、我が名を成さんも、我が家を興さんも、今ぞと思ふ心の勇み立ちて、五十をこえし母に別るるをもさまで悲しとは思はず、はるばると家を離れて伯林《ベルリン》の都に来ぬ。

余は模糊《もこ》たる功名の念と検束に慣れたる勉強力とを持ちて、忽《たちま》ちこの欧羅巴《ヨオロツパ》の新大都《しんたいと》の中央に立てり。⑦なんらの光彩ぞ、我が目を射んとするは。なんらの色沢《しきたく》ぞ、我が心を迷はさんとするは。菩提樹下と訳する時は、幽静なる境《さかひ》なるべく思はるれど、この大道髪《だいだう》のごときウンテル・デン・リンデンに来て両辺なる石だたみの人道を行く隊々《くみぐみ》の士女を見よ。胸張り肩そびえたる士官の、まだ維廉《ウィルヘルム》一世の街に臨める窓に倚《よ》りたまふころなりければ、さまざまの色に飾り成したる礼装をなしたる、かほよき少女《おとめ》の巴里《パリー》まねびの粧《よそほ》ひしたる、かれもこれも目を驚かさぬはなきに、車道の土瀝青《アスファルト》の上を音もせで走るいろいろの馬車、雲にそびゆる楼閣の少しとぎれたるところには、晴れたる空に夕立の音を聞かせてみなぎり落つる噴井《ふきい》の水、遠く望めばブランデンブルク門を隔てて緑樹《りょくじゅ》枝《えだ》を差し交はしたる中より、半天に浮かび出でたる凱旋塔《がいせんたふ》の神女《しんによ》の像、このあまたの景物目睫《もくせふ》の間《かん》に聚《あつ》まりたれば、はじめてここに来しものの応接にいとまなきもうべなり。されど我が胸にはたとひいかなる境《さかひ》に遊びても、あだなる美観に心をば動かさじの誓ひありて、つねに我を襲う外物《ぐわいぶつ》を遮り留《とど》めたりき。

余が鈴索《すずなは》を引き鳴らして謁を通じ、公《おほやけ》の紹介状を出だして東来《とうらい》の意を告げし普魯西《プロシア》の官員は、皆快く余を迎へ、公使館よりの手つづきだに事なく済みたらましかば、何事にもあれ、教へもし伝へもせんと約しき。喜ばしきは、我が故里《ふるさと》にて、独逸《ドイツ》、仏蘭西《フランス》の語を学びしことなり。彼らははじめて余を見し時、いづくにていつの間にかくは学び得《え》つるぞと問はぬことなかりき。

さて官事の暇《いとま》あるごとに、かねて公《おほやけ》の許しをば得たりければ、ところの大学に入《い》りて政治学を修めんと、名を薄冊に記させつ。

ひと月、ふた月と過ぐすほどに、公《おほやけ》の打ち合はせも済みて、取り調べもしだいにはかどりゆけば、急ぐことをば報告書に作りて送り、さらぬをば写し留《とど》めて、つひには幾巻《いくまき》をかなしけん。大学のかたにては、をさなき心に思ひ計りしがごとく、政治家になるべき特科のあるべうもあらず、これかかれかと心迷ひながらも、二、三の法家《はふか》の講筵《かうえん》につらなることにおもひ定めて、謝金を収め、往《ゆ》きて聴きつ。

かくて三年《みとせ》ばかりは夢のごとくにたちしが、時来《き》たれば包みても包み難《がた》きは人の好尚なるらん、余は父の遺言を守り、母の教へに従い、人の神童なりなど褒むるが嬉しさに怠らず学びし時より、官長の善き働き手を得たりとはげますが喜ばしさにたゆみなく務めし時まで、ただ所動的、器械的の人物になりて自ら悟らざりしが、今二十五歳になりて、すでに久しくこの⑨自由なる大学の風に当たりたればにや、心の中なにとなくおだやかならず、奥深く潜みたりしまことの我は、やうやう表にあらはれて、

⑨きのふまでの我ならぬ我を攻むるに似たり。余は我が身の今の世に雄飛すべき政治家になるにもよろしからず、またよく法典を諳《そらん》じて獄を断ずる法律家になるにもふさはしからざるを悟りたりと思ひぬ。余はひそかに思ふやう、我が母は余を活《い》きたる辞書となさんとし、我が官長は余を活《い》きたる法律となさんとやしけん。辞書たらんはなほ堪ふべけれど、法律たらんは忍ぶべからず。今までは瑣々《ささ》たる問題にも、極めて丁寧にいらへしつる余が、このころより官長に寄する文《ふみ》にはしきりに法制の細目にかかづらふべきにあらぬを論じて、一たび法の精神をだに得たらんには、紛々《ふんぷん》たる万事は破竹のごとくなるべしなどと広言しつ。また大学にては⑩法科の講筵《かうえん》をよそにして、歴史文学に心を寄せ、ようやく蔗《しよ》を嚼《か》む境《さかひ》に入《い》りぬ。

　官長はもと心のままに用ゐるべき器械をこそ作らんとしたりけめ。独立の思想をいだきて、人なみならぬ面《おも》もちしたる男をいかでか喜ぶべき。危ふきは余が当時の地位なりけり。されどこれのみにては、なほ我が地位を覆すに足らざりけんを。日ごろ伯林《ベルリン》の留学生のうちにて、ある勢力ある一群れと余との間に、おもしろからぬ関係ありて、かの人々は余を猜疑し、またつひに余を讒誣《ざんぶ》するに至りぬ。されどこれとても、その故なくてやは。

かの人々は余がともに麦酒《ビイル》の杯をも挙げず、球突きの棒《キユウ》をも取らぬを、かたくなる心と欲を制する力とに帰して、かつは嘲《あざけ》りかつは嫉《ねた》みたりけん。されどこは余を知らねばなり。嗚呼《ああ》、この故よしは、我が身だに知らざりしを、いかでか人に知らるべき。我が心はかの合歓《ねむ》といふ木の葉に似て、物触《さや》れば縮みて避けんとす。我が心は処女《をとめ》に似たり。余が幼きころより長者の教《をしへ》を守りて、学《まなび》の道をたどりしも、仕《つかへ》の道をあゆみしも、みな勇気ありてよくしたるにあらず、耐忍勉強の力と見えしも、みな自ら欺き、人をさへ欺きつるにて、人のたどらせたる道を、ただ一筋にたどりしのみ。よそに心の乱れざりしは、外物《ぐわいぶつ》を棄《す》てて顧みぬほどの勇気ありしにあらず、ただ外物《ぐわいぶつ》に恐れて自ら我が手足を縛《ばく》せしのみ。故郷を立ちいづる前にも、我が有為《いうゐ》の人物なることを疑はず、また我が心のよく耐へんことをも深く信じたりき。嗚呼《ああ》、かれも一時《ひととき》。船の横浜を離るるまでは、あつぱれ豪傑と思ひし身も、せきあへぬ涙に手巾《しゆきん》を濡らしつるを我ながら怪しと思ひしが、これぞなかなかに我が本性《ほんしやう》なりける。この心は生まれながらにやありけん、また早く父を失ひて母の手に育てられしによりてや生じけん。

かの人々の嘲《あざけ》るはさることなり。されど嫉《ねた》むはおろかならずや。この弱くふびんなる心を。

赤く白く面《おもて》を塗りて、赫然《かくぜん》たる色の衣《ころも》を纏《まと》ひ、珈琲店《カツフエエ》に坐《ざ》して客をひく女《をみな》を見ては、往《ゆ》きてこれに就かん勇気なく、高き帽を戴《いただ》き、眼鏡に鼻を挟ませて、普魯西《プロシア》にては貴族めきたる鼻音《びおん》にて物言ふ「レエベマン」を見ては、往《ゆ》きてこれと遊ばん勇気なし。これらの勇気なければ、かの活発なる同郷の人々と交はらんやうもなし。この交際の疎きがために、かの人々はただ余を嘲《あざけ》り、余を嫉《ねた》むのみならで、また余を猜疑《さいぎ》することとなりぬ。これぞ我が冤罪《ゑんざい》を身に負ひて、暫時の間《かん》に無量の艱難《かんなん》を閲《けみ》し尽くす媒《なかだち》なりける。

現代語訳　Ⅱ（ドイツへの留学－己に目覚める）

私は幼いころから厳しい家庭の教えを受けた成果として、父を早く亡くしたけれど、学問を投げやりにして力を衰えさせることなく、旧藩制の藩校にいたころも、東京の大学予備門に通った際も、東京大学法学部に入ったあとも、太田豊太郎という名前がつねに首席に記されていたことに、一人っ子の私を頼みにして生きている母の心は慰められたことだろう。十九歳にして学士の称号を受け、大学ができてから初の快挙であると人からもたたえられ、ある省（役所）に入って、故郷にいた母を首都東京に呼びよせ、楽しく暮らすこと三年ほど、省の長官の評価が特に高かったことから、ヨーロッパに留学して一通りの法実務を勉強して来い、との命令を受け、自分の名声を上げるのも、太田の家名を上げるのも、今こそ、と勇躍心を奮い立たせて、五十を過ぎた母と離れて洋行するのもそれほどまでに悲しいとも思わず、はるばる家を離れて、ベルリンの都にやって来たのだ。

私はぼんやりした功名心と強い自制心に基づく向学心とを胸に、忽然とこの新しいヨーロッパの中心都市の土を踏んだ。何という光彩だろうか、私の目を射貫《いぬ》かんばかりにかがやく街頭のきらめきは。そして何と魅力にあふれた色つやだろうか、私の心を身もだえさせるのは。それを「菩提樹の下」と訳す時には、静かなかそけき一隅を想起させるが、このまっすぐに伸びる大通りウンテル・デン・リンデンに来て、左右に連なる石だたみの舗道をゆく、麗しく気品に満ちたカップルたちの様子を見ると良い。まだウィルヘルム一世が王宮の窓にもたれて街を見下ろしておられたころだから、胸を張り肩をそびやかす士官が、さまざまな色合いに飾り立てた礼装を身にまとっているのも、また顔立ちのすばらしい娘が、パリ仕込みの化粧で美しく飾り立てているのなども、どれもこれも私の目をみはらせないものはないというのに、アスファルトで舗装した車道を音も立てずに走り去るさまざまな馬車、雲を衝くようにそびえ立つ尖塔がわずかにとぎれたあたりには、晴れた空の下に夕立ちの音を聞かせるようにみなぎり落ちる噴水があり、遠くを眺めるとブランデンブルク門を間において、緑濃い樹木が枝を差し交わしている間から、中空に浮かび上がるような凱旋塔の神女の像など、こんなにもたくさんの美景がすぐそばに集中しているので、⑧はじめてここに来たものが目を奪われて落ち着く暇がないというのももっともである。しかし私の心中にはたとえどんなに夢のような異郷に身を運んでも、きらびやかな外観に惑わされて平静を失うことにはなるまいという強い誓いがあったので、心中に襲いかかって来るような異国の衝撃にも、それを遮断してその虜《とりこ》になることはなかったのだった。

私が呼び鈴を引き鳴らして面会を乞い、日本国としての紹介状を出してはるばる洋行向学の意を告げたプロシア国の役人は、みな快く私を迎えてくれ、公使館からの手続きさえ滞りなく済んだあかつきには、どんなことでも、教えまた伝えてあげようと約束してくれた。幸運だったことは、私が故国日本でドイツ語、フランス語をしっかり勉強していたことだった。役人たちはみな、はじめて私と会った時、どこでいつの間にこれほどドイツ語やフランス語を勉強することができたのだ、とたずねないことがなかった。

さて、公務の空き時間があるたびに、あらかじめ国の許可を得ていたので、当地の大学に入って政治学を修得しようと、自分の名前を大学の学籍簿に載せることとなった。

一か月、二か月と経つうちに、公務の打ち合わせも済んで、調べごともだんだんはかどっていったので、急を要することは報告書を作成して日本へ送り、そうでないものは書き写して、それが何冊にもなっただろうか。大学の方は、幼稚な夢想のように「政治家になるための専門コース」のようなものなどあるはずもなく、これだろうか、あれだろうかと迷いながらも、二、三人の法学博士の講義を受講することに思いを定め、授業料を納入して、出席して講義を聞いた。

このようにして三年ほどは夢のように過ぎ去ったのだが、来るべき時が来れば包み隠そうとしても隠せないのが、人の持つ好み、本性というものなのだろうか、私は父の遺言を守り、母の教えにただ素直に従って、人が神童だなどと言って褒めてくれるのがうれしくて一生懸命勉強していた時から、長官がいい働き手に会えたと励ましてくれる喜びに真剣に仕事をしたころまで、ただ受け身で機械的な人間になって自分では気づかなかったのだが、いま二十五歳になって、もう長いことこのヨーロッパの自由な大学の空気の中で生きてきたためだろうか、心の中が何となく昔のように万事平穏ではなく、自分でも知らない自分の奥にひそんでいた本当の自分が表面に浮かび上がってきて、まるで昨日までの自分ではない自分を責めるように思われる。私は自分自身が、今の日本の世にはばたくような政治家になるのにも向いていないし、また法律を詳しく暗記して人を断罪する法律家になるのもふさわしくないのだということを、やっと悟ったのだと思った。内心思うところ、母は私を生きている辞書のようにしようとし、長官は私を生きている法律そのもののようにしようとしたのだろうか。辞書であるようなところはまだしも我慢できようが、法律にされるようなことにはどうして耐えられようか。このことに気づくまでは、こまごました問題を問われても、きわめて丁寧に返事をしていた自分が、このごろ長官に送る手紙には、何かと言っては、法律の条文の細かいことにこだわるのはよろしくないということばかりを言いつのり、ただ一度《ひとたび》法の精神というものさえつかむことができれば、こまごました問題は竹を割ったようにすぱりと解決できるだろうなどと、大胆にも言うようになっていたのだ。また大学では、法科の講義をおろそかにして、文学や歴史に思いを寄せるようになり、ようやく学問の深いところを味わえる心境に至っていたのである。

長官はもともと、自分の思い通りにあやつることのできる機械人形を作ろうとしたのだろう。独立した思想を有し、普通一般の部下の顔つきをしていない生意気な男をどうして喜ぶだろうか。私の当時の地位は、まことに危ういものだった。しかしこのことだけでは、まだ私の地位をくつがえすのには不足だったことであろうに。ふだんベルリンの留学生の中で、ある勢いのある一グループと私の間に、面白くない関係があって、その人たちは私を理由なく疑い、とうとうあらぬことを告げ口して、陥《おとしい》れようとするようになったのだ。しかしそれについても、何かその理由があってのことだろう。

その人たちは、私が一緒にビールのジョッキをかかげて乾杯することもなければ、ビリヤードのキューを取ってともに遊ぶこともないのを、意固地《いこじ》な心とまじめすぎる堅物《かたぶつ》だからだということに決めつけてしまい、一方では馬鹿にして、一方ではねたんだのであろう。しかしこれは私のことを知らないからに過ぎない。ああ、この理由であるべきところは、自分自身でさえ知らなかったのに、どうして他人が知ることができようか。私の心はあの合歓《ねむ》という木の葉のように、何か外のものが触れれば縮んで接触を避けようとする。私の心は少女のようなものだ。私が幼い時から年長者の言いつけを守って、学問の道を進んだのも、公務員の道を歩いたのも、これすべて自分で決断したためにできたことではない。苦しみに耐えながら勉強したのも、すべて自分自身をごまかし、他人をもあざむいたに過ぎず、その結果として、他人が自分に進ませようとした道を、ただまっすぐ進んだだけなのだ。勉強と仕事以外のことに気を取られなかったのは、それ以外のことを打ちやって気にかけない勇気があってしたのではなく、ただよそごとに手を染めるのがおそろしくて、自分で自分の手足を縛っただけのことに過ぎない。故国日本を旅立つときも、自分が世の中の役に立つ有能な人間であることを疑わず、また自分の心がさまざまなできごとに耐えられるほど強いということをも、信じて疑わなかった。ああ、しかしそれもいっときの夢に過ぎなかった。船が横浜を離れるまでは、いや自分はまさに豪傑だと信じていた身も、こみあげてとどめることのできない涙でハンカチを濡らした自分をわれながら不思議に思ったのだが、かえってこれが自分の本性、真の姿だったのだろう。この心のありようは生まれついてのものだったのか、あるいは早くに父を亡くして母の手ひとつで育てられたことによって、そのように成長したためのことなのだろうか。

あの私を嫌って陥れた人たちが、私を馬鹿にしたのはまあ理由のあることと言えるだろう。しかしねたむというのは、あまりにもおかしくないだろうか。この弱々しい、あわれな心を。

真っ白に顔を塗り、真っ赤な紅を引いて、あざやかな色の服をまといつつカフェに座って客を待っている女を見ても、そばに行って交際する勇気もなく、高い帽子を頭に載せ、鼻の上に眼鏡をかけて、プロシアでは貴族らしく思われる鼻にかかった声で話す「レエベマン＝道楽者」を見ても、一緒に遊びにふける勇気もまたない。こうした付き合いをしないために、あの人たちは私を馬鹿にして、ねたんだばかりでなく、さらに私にあらぬ疑いをかけるようになったのだ。これこそ私がいわれのない罪を着せられて、あっという間に、普通の人が経験することのないような膨大な苦難をなめつくす遠因となったのだった。

スーパー読解シート　Ⅱ（ドイツへの留学－己に目覚める）

⑥原文２０ページ冒頭から、「余は幼きころより厳しき庭の訓《をしへ》を受けしかひに、父をば早く喪《うしな》ひつれど、学問の荒《すさ》み衰ふることなく、旧藩の学館に在りし日も、東京に出でて予備黌《よびくわう》に通ひし時も、大学法学部に入りし後も、太田豊太郎といふ名はいつも一級の首《はじめ》に記されたりしに、独り子の我を力になして世を渡る母の心は慰みけらし。」とあるが、このことは、この作品（『舞姫』）の主人公と恋人のエリスの身の上を決定するあることがらを引き起こす遠因となっている。その「あることがら」を答え、それを招いた豊太郎の気質をあらわす言葉を原文中から抜き出して書け。

ことがら

豊太郎の気質

⑦原文20ページ最終行〜21ページ2行目「なんらの光彩ぞ、我が目を射んとするは。なんらの色沢《しきたく》ぞ、我が心を迷はさんとするは。菩提樹下と訳する時は、幽静なる境なるべく思はるれど、この大道髪《だいどう》のごときウンテル・デン・リンデンに来て両辺なる石だたみの人道を行く隊々《くみぐみ》の士女を見よ。（何という光彩だろうか、私の目を射貫《いぬ》かんばかりにかがやく街頭のきらめきは。そして何と魅力にあふれた色つやだろうか、私の心を身もだえさせるのは。それを「菩提樹の下」と訳す時には、静かなかそけき一隅を想起させるが、このまっすぐに伸びる大通りウンテル・デン・リンデンに来て、左右に連なる石だたみの舗道をゆく、麗しく気品に満ちたカップルたちの様子を見ると良い。）」のくだりには、明治の洋行者がヨーロッパの大都会の様子に目を瞠《みは》る様子が描かれているが、「豊太郎」はなぜこれほど、見るもの聞くものに対して驚いているのか。歴史的背景を十分に考えた上で、自分の考えを書け。

⑧現代語訳27ページ最終行「はじめてここに来たものが目を奪われて落ち着く暇がないというのももっともである」にあたる表現を、原文中から二十五字で抜き出して書け。

⑨原文22ページ11行目〜、豊太郎が「自由なる大学の風に当たりたればにや（自由な大学の空気の中で生きてきたためだろうか）」、「きのふまでの我ならぬ我を攻むるに似たり（昨日までの自分ではない自分を責めるように思われる）」という心境になったのはなぜだと思うか。

⑩原文23ページ7行目～「法科の講筵《かうえん》をよそにして、歴史文学に心を寄せ、やうやく蔗《しよ》を嚼《か》む境《さかひ》に入りぬ（法学部の講義をおろそかにして、歴史や文学に学問上の探究心を振り向けるようになって、ようやく学問の深いところを味わえる心境に至った）」とは、どういうことか。豊太郎がそれまで「法科の講筵」をどのように感じており、「歴史、文学」をどのようなものととらえたのかを明らかにして説明せよ。

原文　Ⅲ（エリスとの出会いと免官）

ある日の夕暮れなりしが、余は獣苑《じうゑん》を漫歩して、ウンテル・デン・リンデンを過ぎ、我がモンビシユウ街の僑居《けうきよ》に帰らんと、⑪クロステル巷《かう》の古寺《ふるでら》の前に来ぬ。余はかの燈火《ともしび》の海を渡り来て、この狭く薄暗き巷《こうぢ》に入り、楼上の木欄《おばしま》に干したる敷布、襦袢《はだぎ》などまだ取り入れぬ人家、頬髭《ほほひげ》長き猶太《ユダヤ》教徒の翁《おきな》が戸前《こぜん》に佇《たたず》みたる居酒屋、一つの梯《はしご》はただちに楼《たかどの》に達し、他の梯《はしご》は窖《あなぐら》住まひの鍛冶《かぢ》が家《や》に通じたる貸家などに向かひて、凹字《あふじ》の形に引きこみて立てられたる、この三百年前の遺跡を望む毎《ごと》に、⑪心の恍惚《くわうこつ》となりてしばしたたずみしこと幾たびなるを知らず。

今この所を過ぎんとするとき、鎖《とざ》したる寺門《じもん》の扉に倚《よ》りて、声を呑みつつ泣く一人の少女《をとめ》あるを見たり。年は十六、七なるべし。かむりし巾《きれ》を洩《も》れたる髪の色は、薄きこがね色にて、着たる衣《ころも》は垢《あか》つき汚れたりとも見えず。我が足音に驚かされて顧みたる面《おもて》、余に詩人の筆なければこれを写すべくもあらず。⑫この青く清らにて物問ひたげに愁を含める目《まみ》の、半ば露を宿せる長き睫毛《まつげ》に掩《おほ》はれたるは、何故《なにゆえ》に一顧したるのみにて、用心深き我が心の底までは徹したるか。

彼ははからぬ深き嘆きに遭ひて、前後を顧みるいとまなく、ここに立ちて泣くにや。我が臆病《おくびやう》なる心は憐憫《れんびん》の情に打ち勝たれて、余は覚えずそばに寄り、「何故《なにゆえ》に泣きたまふか。ところに係累なき外人《よそびと》は、かへりて力を貸しやすきこともあらん」と言ひかけたるが、我ながら我が大胆なるにあきれたり。

彼は驚きて我が黄なる面《おもて》をうち守りしが、我が真率なる心や色にあらはれたりけん、「君は善き人なりと見ゆ。彼のごとく酷《むご》くはあらじ。また我が母のごとく。」しばし涸《か》れたる涙の泉はまたあふれて愛らしき頬《ほほ》を流れ落つ。

「我を救ひたまへ、君。わが恥なき人とならんを。母はわが彼の言葉に従はねばとて、我を打ちき。父は死にたり。明日は葬《はふ》らではかなはぬに、家に一銭の貯《たくはへ》だになし。」

あとは欷歔《ききよ》の声のみ。我が眼《まなこ》はこのうつむきたる少女《をとめ》のふるふ項《うなじ》にのみ注がれたり。

「君が家《や》に送り行かんに、まづ心を鎮めたまへ。声をな人に聞かせたまひそ。ここは往来なるに。」

彼は物語するうちに、覚えず我が肩に倚《よ》りしが、この時ふと頭《かしら》をもたげ、またはじめて我を見たるがごとく、恥ぢて我がそばを飛びのきつ。

人の見るが厭《いと》はしさに、早足に行く少女《をとめ》のあとにつきて、寺の筋向かひなる大戸《おおど》を入《い》れば、欠け損じたる石の梯《はしご》あり。これを登りて、四階目に腰を折りて潜《くぐ》るべきほどの戸あり。少女は鏽《さ》びたる針金の先をねぢ曲げたるに、手を掛けて強く引きしに、中にはしはがれたる老媼《おうな》の声して、「誰《た》ぞ。」と問う。エリス帰りぬと答ふる間もなく、戸をあららかに引き開けしは、半ば白《しら》みたる髪、悪しき相にはあらねど、貧苦の痕《あと》を額《ぬか》に印《しる》せし面《おもて》の老媼《おうな》にて、古き獣綿《じうめん》の衣《ころも》を着、汚れたる上靴《うはぐつ》をはきたり。エリスの余に会釈して入《い》るを、彼は待ちかねしごとく、戸をはげしくたて切りつ。

余はしばし茫然として立ちたりしが、ふと油燈《ランプ》の光に透かして戸を見れば、エルンスト・ワイゲルトと漆《うるし》もて書き、下に仕立物師《したてものし》と注したり。これすぎぬといふ少女《をとめ》が父の名なるべし。内には言ひ争ふごとき声聞こえしが、また静かになりて戸は再び開《あ》きぬ。さきの老媼《おうな》は慇懃《いんぎん》におのが無礼の振る舞ひせしを詫《わ》びて、余を迎へ入れつ。戸の内は厨《くりや》にて、右手《めて》の低き窓に、真白に洗ひたる麻布《あさぬの》を懸けたり。左手《ゆんで》には粗末に積み上げたる煉瓦《れんぐわ》のかまどあり。正面の一室の戸は半ば開《ひら》きたるが、内には白布《しらぬの》を掩《おほ》へる臥床《ふしど》あり。⑬伏したるは亡き人なるべし。かまどのそばなる戸を開《ひら》きて余を導きつ。このところはいはゆる「マンサルド」（注・屋根裏部屋）の街に面したる一間《ひとま》なれば、天井もなし。隅の屋根裏より窓に向かひて斜めに下がれる梁《はり》を、紙にて張りたる下の、立たば頭《かしら》のつかふべきところに臥床《ふしど》あり。中央なる机には美しき氈《かも》を掛けて、上には書物一、二巻と写真帖《しやしんでふ》とを並べ、陶瓶《たうへい》にはここに似合はしからぬ価高き花束を生けたり。そが傍らに少女《をとめ》は羞《はぢ》を帯びて立てり。

彼は優れて美なり。乳《ち》のごとき色の顔は燈火《ともしび》に映じてうす紅を潮《さ》したり。手足のかぼそくたをやかなるは、貧家《ひんか》の女《をみな》に似ず。老媼《おうな》の室《へや》を出《い》でしあとにて、少女《をとめ》は少し訛《なま》りたる言葉にて言ふ。「許したまへ。君をここまで導きし心なさを。君は善き人なるべし。我をばよも憎みたまはじ。明日に迫るは父の葬《はふ》り、たのみに思ひしシヤウムベルヒ、君は彼を知らでやおはさん。彼は「ヴイクトリア」座の座頭《ざがしら》なり。彼が抱へとなりしより、はや二年《ふたとせ》なれば、事なく我らを助けんと思ひしに、人の憂ひにつけこみて、身勝手なる言いかけせんとは。我を救ひたまへ、君。金をば薄き給金をさきて返しまゐらせん。よしや我が身は食らはずとも。それもならずば母の言葉に。」彼は涙ぐみて身をふるはせたり。その見上げたる目《まみ》には、人に否とは言はせぬ媚態《びたい》あり。この目《まみ》のはたらきは知りてするにや、また自らは知らぬにや。

我が隠しには二、三「マルク」の銀貨あれど、それにて足るべくもあらねば、余は時計をはづして机の上に置きぬ。「これにて一時《いちじ》の急を凌《しの》ぎたまへ。質屋の使ひのモンビシュウ街三番地にて太田と尋ね来《こ》ん折には価《あたひ》を取らすべきに。」

少女《をとめ》は驚き感ぜしさま見えて、余が辞別《わかれ》のために出《い》だしたる手を唇に当てたるが、はらはらと落つる熱き涙を我が手の背《そびら》にそそぎつ。

嗚呼《ああ》、なんらの悪因ぞ。この恩を謝せんとて、自ら我が僑居《けうきょ》に来《こ》し少女《をとめ》は、ショオペンハウエルを右にし、シルレルを左にして、終日兀坐《ひねもすこつざ》する我が読書の窓下《さうか》に、一輪の名花を咲かせてけり。この時をはじめとして、余と少女《をとめ》の交《まじはり》やうやく繁《しげ》くなりもてゆきて、同郷人にさへ知られぬれば、彼らは速了《そくれう》にも、余をもて色を舞姫の群れに漁《ぎょ》するものとしたり。われ等《ら》二人の間にはまだ痴騃《ちがい》なる歓楽のみ存《ぞん》じたりしを。

その名を斥《さ》さんははばかりあれど、同郷人の中に事を好む人ありて、余がしばしば芝居に出入《でい》りして、女優と交はるといふことを、官長の許《もと》に報じつ。さらぬだに余がすこぶる学問の岐路に走るを知りて憎み思ひし官長は、つひに旨《むね》を公使館に伝へて我が官を免じ、我が職を解いたり。公使がこの命《めい》を伝ふる時余に謂《い》ひしは、御身《おんみ》もし即時に郷《きやう》に帰らば、路用を給すべけれど、もしなほここに在らんには、公《おほやけ》の助けをば仰ぐべからずとのことなりき。余は一週日《いつしゆうじつ》の猶予を請ひて、とやかうと思ひ煩ふうち、我が生涯にて最も悲痛を覚えさせたる二通の書状に接しぬ。この二通はほとんど同時に出《い》だししものなれど、一は母の自筆、一は親族なる某《なにがし》が、母の死を、我がまたなく慕ふ母の死を報じたる書《ふみ》なりき。余は母の書中の言《こと》をここに反覆するに堪へず、涙の迫りきて筆の運《はこび》を妨ぐればなり。

余とエリスとの交際は、この時まではよそ目に見るより清白なりき。彼は父の貧しきがために、充分なる教育を受けず、十五の時舞の師のつのりに応じて、この恥づかしき業《わざ》を教へられ、「クルズス」果てて後《のち》、「ヴイクトリア」座に出《い》でて、今は場中《ちやうちゆう》第二の地位を占めたり。されど詩人ハツクレンデルが当世の奴隷と言ひしごとく、はかなきは舞姫の身の上なり。薄き給金にて繋《つな》がれ、昼の温習《をんしふ》、夜の舞台ときびしく使はれ、芝居の化粧部屋に入《い》りてこそ紅粉《こうふん》をも粧《よそほ》ひ、美しき衣《ころも》をもまとへ、場外にてはひとり身の衣食も足らずがちなれば、親はらからを養ふものはその辛苦いかにぞや。されば彼等《ら》の仲間にて、賤《いや》しき限りなる業《わざ》に堕《お》ちぬはまれなりとぞいふなる。エリスがこれをのがれしは、おとなしき性質と、剛気ある父の守護とによりてなり。彼は幼き時より物読むことをばさすがに好みしかど、手に入《い》るは卑しき「コルポルタアジュ」と唱ふる貸本屋の小説のみなりしを、余と相識《あひし》るころより、余が貸しつる書《ふみ》を読みならひて、やうやく趣味をも知り、言葉の訛《なま》りをも正し、いくほどもなく余に寄する書《ふみ》にも誤り字少なくなりぬ。かかれば余ら二人の間《あひだ》にはまづ師弟の交《まじはり》を生じたるなりき。我が不時《ふじ》の免官を聞きし時に、彼は色を失ひつ。余は彼が身の事にかかはりしを包み隠しぬれど、彼は余に向かひて母にはこれを秘めたまへと言ひぬ。これは母の余が学費を失ひしを知りて余を疎んぜんを恐れてなり。

嗚呼《ああ》、くはしくここに写さんも要なけれど、余が彼を愛《め》づる心のにはかに強くなりて、つひに離れ難《がた》き仲となりしはこの折なりき。我が一身の大事は前に横たはりて、まことに危急存亡の秋《とき》なるに、この行《おこなひ》ありしを怪しみ、また誹《そし》る人もあるべけれど、余がエリスを愛する情は、はじめて相見し時よりあさくはあらぬに、今我が数奇《さくき》を憐《あは》れみ、また別離を悲しみて伏し沈みたる面に、鬢《びん》の毛の解けてかかりたる、その美しき、いぢらしき姿は、余が悲痛感慨の刺激によりて常ならずなりたる脳髄を射て、恍惚《くわうこつ》の間《かん》にここに及びしをいかにせん。

公使に約せし日も近づき、我が命《めい》は迫りぬ。このままにて郷《きやう》に帰らば、学成らずして汚名を負ひたる身の浮かぶ瀬あらじ。さればとてとどまらんには、学資を得《う》べき手だてなし。

この時余を助けしは⑰今我が同行の一人なる相澤謙吉《あひざはけんきち》なり。彼は東京に在りて、すでに天方《あまがた》伯の秘書官たりしが、余が免官の官報に出《い》でしを見て、某新聞紙の編輯長《へんしふちやう》に説きて、余を社の通信員となし、伯林《ベルリン》にとどまりて政治、学芸のことなどを報道せしむることとなしつ。

社の報酬は言ふに足らぬほどなれど、棲家《すみか》をも移し、午餐《ひるげ》に往《ゆ》く食店《たべものみせ》をもかへたらんには、かすかなる暮らしは立つべし。とかう思案するほどに、心の誠を顕《あら》はして、助けの綱を我に投げ掛けしはエリスなりき。彼はいかに母を説き動かしけん、余は彼等《ら》親子の家に寄寓《きぐう》することとなり、エリスと余とはいつよりとはなしに、有るか無きかの収入を合はせて、憂きが中にも楽しき月日を送りぬ。

朝の珈琲《カツフエエ》果つれば、彼は温習《をんしふ》に往《ゆ》き、さらぬ日には家に留《とど》まりて、余はキヨオニヒ街の間口狭く奥行きのみいと長き休息所に赴き、あらゆる新聞を読み、鉛筆取り出《い》でてかれこれと材料を集む。この截《き》り開《ひら》きたる引き窓より光を取れる室《へや》にて、定まりたる業《わざ》なき若人、多くもあらぬ金を人に貸して己は遊び暮らす老人、取引所の業《わざ》の隙《ひま》をぬすみて足を休むる商人《あきうど》などと臂《ひぢ》を並べ、冷ややかなる石卓《いしづくゑ》の上にて、忙《せ》はしげに筆を走らせ、小をんなが持て来る一盞《ひとつき》の珈琲《カツフエエ》の冷むるをも顧みず、空《あ》きたる新聞の細長き板切れに挟みたるを、幾種《いくいろ》となく掛けつらねたるかたへの壁に、いく度《たび》となく往来《ゆきき》する日本人を、知らぬ人は何《なに》とか見けん。また一時《いちじ》近くなるほどに、温習《をんしふ》に往《ゆ》きたる日には返《かへ》り路《じ》によぎりて、余とともに店を立ち出《い》づるこの常ならず軽《かろ》き、掌上の舞をもなし得《え》つべき少女《をとめ》を、怪《あや》しみ見送る人もありしなるべし。

我が学問は荒《すさ》みぬ。屋根裏の一燈かすかに燃えて、エリスが劇場よりかへりて、椅子《いす》に倚《よ》りて縫ひものなどする側《そば》の机にて、余は新聞の原稿を書けり。昔の法令条目の枯れ葉を紙上にかき寄せしとは異《こと》にて、今は活発々《くわつはつはつ》たる政界の運動、文学、美術にかかる新現象の批評など、かれこれと結びあはせて、力の及ばんかぎり、ビヨルネよりは寧《むし》ろハイネを学びて思ひを構へ、さまざまの文《ふみ》を作りし中《うち》にも、引き続きて維廉《ウイルヘルム》一世と仏得力《フリードリヒ》三世との崩殂《ほうそ》ありて、新帝の即位、ビスマルク侯の進退いかんなどのことにつきては、ことさらに詳《つまび》らかなる報告をなしき。さればこの頃よりは思ひしよりも忙《せ》はしくして、多くもあらぬ蔵書をひもとき、旧業をたづぬることも難《かた》く、大学の籍はまだけづられねど、謝金を収むることの難《かた》ければ、ただ一つにしたる講筵《かうえん》だに往《ゆ》きて聴くことはまれなりき。

我が学問は荒《すさ》みぬ。されど余は別に一種の見識を長じき。そをいかにといふに、およそ民間学の流布したることは、欧州諸国の間にて独逸《ドイツ》に若《し》くはなからん。幾百種の新聞雑誌に散見する議論にはすこぶる高尚なるも多きを、余は通信員となりし日より、かつて大学に繁《しげ》く通ひし折、養ひ得たる一隻の眼孔もて、読みてはまた読み、写してはまた写すほどに、今まで一筋の道をのみ走りし知識は、おのづから綜括《そうくわつ》的になりて、同郷の留学生などの大かたは、夢にも知らぬ境地に至りぬ。彼らの仲間には独逸《ドイツ》新聞の社説をだによくはえ読まぬがあるに。

現代語訳　Ⅲ（エリスとの出会いと免官）

ある日の夕暮れどきのことだったが、私は動物園のある公園のあたりをそぞろ歩きして、ウンテル・デン・リンデンを通り過ぎ、自分のモンビシユウ街の下宿に帰ろうと、クロステル小路の古寺の前にさしかかった。私はあのきらびやかな街の灯りの海を渡って来て、この狭く薄暗い小路に入り、階上の手すりに干してあるシーツだの肌着だのをまだ取りこんでいない人の家や、頬ひげの長いユダヤ教徒の老人が店の前にたたずんでいる居酒屋、一本の階段が最上階まで直結しているかと思えば、別のある階段は地下の穴ぐら住まいの鍛冶屋のごとき借家などに向かって凹の字型に引きこんで立てられている、この三百年前の遺跡を眺めるたびに、心が陶然としてしばらくそこにたたずむことが幾度あったかわからない。

ちょうどその場所を通り過ぎようとするとき、閉め切られた寺院の扉によりかかって、声を押し殺しながら泣く一人の少女の姿をみとめた。年の頃は十六、七だろうか。頭にかけたベールからこぼれ出る髪の色は、うすい金色で、身にまとう服は、高価そうではないがさっぱりと小ぎれいである。私の足音に驚いて振り向いた顔かたちは、詩人の文才がないために表現のしようもない（ほど美しい）。この、もの問いたげに愁いをふくみ、わずかに涙にぬれた長いまつげに覆われて青く澄んだ瞳は、どうして私をひとたび見つめただけで、用心深く注意している私の心の底までも貫いてしまったのか。

　彼女は思いもよらぬ深い悲劇に遭遇して、あとさきのことを思いみるゆとりもなく、ここに立って泣いているのであろうか。私の臆病な心を、かわいそうな乙女を案じる情愛の方が上回って、私は思わずそばに寄り、「どうして泣いていらっしゃるのですか。この街に身寄りのない外国人には、かえって力を貸しやすいこともあるかも知れませんよ」と話しかけたのだが、自分でもその大胆なのにあきれるほどだった。

　彼女は驚いて私の黄色い顔を見つめたが、私の生真面目な心魂が表情にあらわれていたのだろうか、「あなたはいい人のようです。彼のように酷《むご》くはないでしょう。また私の母のようにも。」しばらく止まっていた涙がまた泉のようにあふれて、愛らしいその頬に流れ落ちた。

「私をお助け下さい、あなた。私が恥知らずな人間になるのを。母は私が彼の言葉に従わないからと言って、私を叩きました。父が死んだのです。明日にはお葬式をしなければならないのに、私の家にはわずかなお金さえないのです。」

あとはすすり泣くばかりである。私の目はこのうつむいて泣く少女のふるえるうなじに吸い寄せられてしまった。

「あなたの家まで送っていきますから、まず気持ちをお静めなさい。泣く声を人に聞かせなさいますな。ここは人通りがありますから。」彼女はいきさつを語るうちに、知らず知らず私の肩にもたれていたが、この時ふと頭を上げて、またはじめて私を認めたように、恥ずかしがって私のそばを遠のいた。

人に見られるのをいやがって、早足で歩いて行く少女のあとについて、寺の筋向かいの大門を入ると、一部が欠けている石の階段があった。その階段を登って、四階のところに腰をかがめて入るような低い扉がある。少女は錆びた針金の先をねじ曲げて把《と》っ手がわりにしているのに手をかけて強く引くと、中ではしわがれた老婆の声がして、「だれじゃ。」とたずねる。エリスが帰りました、と答える間もなく、荒っぽく戸を引いて開けたのは、半ば白髪で、悪い顔立ちではないが、貧苦のあとを額に刻んだ顔つきの老婆で、古い獣綿の上掛けをまとい、汚れた上履きを履いている。エリスが私に会釈して中に入るのを待ちかねたように、老婆は激しく戸を閉めきった。

私はしばらくの間茫然として立っていたが、ふとランプの光をたよりに扉を見ると、「エルンスト・ワイゲルト」と漆で書いてあり、その下に「仕立物師」と但し書きがしてある。これが、死んだという少女の父の名なのだろう。中では言い争うような声が聞こえたが、また静かになると戸がふたたび開いた。先ほどの老婆が下手に、丁重に自分の無礼な態度を詫びて、私を迎え入れた。戸の内側は台所で、右側の低い窓に、真っ白に洗ってある麻の布をかけてある。左側には粗末に積み上げただけの煉瓦のかまどがある。正面の一室の戸は半分開いているが、中には白い布で覆ったベッドがある。寝かされているのは故人であろう。かまどのわきの戸をひらいて、老婆は私を中の部屋へと導いた。この場所は「マンサルド」と呼ばれる屋根裏部屋が街路に面している一角なので、天井もない。隅の屋根裏の部分から窓に向かって斜めに下がっている梁《はり》と梁《はり》の間を、紙張りにしてあるところの下、立てば頭がつかえるようなところに、ベッドがある。中央においてあるテーブルには美しい毛氈《もうせん》を掛け、その上には二冊ばかりの本と写真帖をならべてあり、陶器の花瓶にはこの家には似つかわしくない高価そうな花束が生けてある。そのかたわらに、少女は恥じらいを帯びて立っている。

彼女は非常に美しい。牛乳のように真っ白な色の顔は、部屋の灯りに照らされてうす紅色に火照《ほて》っている。手足がか細くたおやかな様子であるのは、貧しい家の女性らしくない。老婆が部屋を出て行ったあとで、少女は少し訛りのある言葉で言う。「おゆるし下さいませ、あなたをここまでお連れしたつつしみの無さを。あなたは良い人にちがいありません。まさか私を憎んだりはなさらないでしょう。明日に迫っているのは父の弔いで、頼りにしていたシャウムベルヒ、ああ、あなたは彼をごぞんじないでしょうね。彼はヴィクトリア座の座頭です。彼のところに雇われて、もう二年になるので、もちろん私たちを助けてくれるだろうと思ったのに、人の弱みにつけこんで、恥知らずで身勝手な言いがかりをつけようとは（思ってもみませんでした）。私をお助け下さい、あなた。お借りしたお金は、わずかな給金の中から、少しずつお返しします。たとえ自分は食べるものを食べないで我慢してでも。もしそれをもお聞き届けいただけなければ、（シャウムベルヒのなぐさみものになれという）母の言葉に（従うしかありません）。」彼女は涙ぐんで体をふるわせた。その見上げたまなざしには、見る者にノーとは言わせない媚態があった。この男をひきつけるまなざしは、意識してそうしているのか、あるいはエリス自身は気づかずに、そのようにしているのだろうか。

私のポケットには二、三マルクの銀貨があったが、それで足りるはずもないので、私は時計をはずしてテーブルの上に置いた。「これで今日明日、いっときの急場をしのぎなさい。質屋の使いがモンビシュウ街三番地の太田のところをたずねて来た時には、必要なだけのお金を払うから。」

少女は驚き感じ入った表情を見せ、私がその場を辞去するために差し出した手に口づけしたが、はらはらとこぼれる熱い涙が、私の手の甲に流れ落ちた。

ああ、このことが、なんという不幸のはじまりになってしまったことだろうか。この恩に報いようと、すすんで私の下宿へ来るようになった少女は、ショーペンハウエルを右にし、シルレルを左にして、一日中机の前に座っている私の勉学読書の書斎に、一輪の名花を咲かせたのだ。この時を最初にして、私と少女との交友はだんだん頻繁になってゆき、日本からの同僚にも知られるようになったのだが、彼らは早合点して、私が好色の嗜好を舞姫たちとの付き合いの中に見出したものと決めつけた。私と少女の間には、まだ子どもっぽい清らかな楽しみがあっただけなのに。

誰が言ったか、明らかにすることははばかられるが、日本からの留学生の中に、もめごとを起こすのを好む者がいて、私がしばしば芝居小屋に出入りして、女優と交際しているということを、長官に報じた。そうでなくてさえ私が学問の岐路を突っ走ろうとしていることから憎く思っていた長官は、とうとうそのことを公使に伝えて、私の任官を解き、現在の職務から解雇した。公使がこの命令を伝える時私に言ったのは、「貴官がもし即刻日本へ帰国するなら、その旅費を支給するが、もしその後もドイツにとどまるならば、公の援助を一切あてにしてはいけない」ということだった。私は公使に一週間だけ猶予を願い出て、あれやこれやと思い悩むうち、わが生涯でもっとも悲痛な思いを突きつけられた二通の手紙を受け取った。この二通はほとんど同時に出したものだけれど、一つは母の自筆、一つは親戚の某《なにがし》が、母の死を、私がこよなく愛する母の死を知らせる手紙であった。私は母の手紙に書かれた言葉をここに思い返して記すことができない。涙があふれて来て筆の運びを妨げてしまうからだ。

私とエリスとの交際は、この時まではは目に見るより清らかなものだった。彼女は父が貧しかったから、十分な教育を受けておらず、十五の時に踊りの先生が舞い手を募集していたのに応募して、この品のない生業を教えられ、研修過程の「クルズス」が終わってから、ヴィクトリア座に出るようになり、今では座の踊り子の中のナンバー2になっている。しかし詩人ハックレンデルが現代の奴隷と言った通り、この上なくはかないのがエリスたち舞姫の身の上である。わずかな給金で身柄を拘束され、昼のけいこ、夜の舞台とこき使われ、芝居の化粧部屋に入ったあとこそきれいに化粧し、美しい衣装をまとうけれど、ひとたび芝居小屋の外に出れば、自分一人の衣食にさえこと欠くありさまなので、親兄弟を自らの仕事で養っている舞姫であれば、そのつらさ苦しさはいかほどであろう。であるから彼女たちの仲間うちでは、身を売るような境遇に堕落しない者はまれなのだというようだ。エリスがそのような道から逃れたのは、おとなしい性格と、剛胆な父が守ってくれていたからであった。また彼女は貧しい境遇でも、幼い時から本を読むことを好んでいたのだが、手に入るのは俗っぽい「コルポルタージュ」という貸本屋の通俗小説ばかりだったのを、私と知り合った頃から、私が貸した本を読んで勉強することで、やっと趣味らしきものを知り、言葉の訛りまでをも直して、まもなく私に送って来る手紙にも誤字が少なくなった。このようであったから、私たち二人の間には、はじめは教師と生徒の関係が結ばれたのであった。私の思いがけない免官の事態を聞いた時に、彼女は顔色を失った。私は、エリスのことが自分の免官の原因になっていたことを隠したが、彼女は私に向かって、母にはこのことをお隠しなさいませと言った。これはエリスの母が、私が留学の学資を得られなくなったことを知って、私を遠ざけようとするのを恐れてのことである。

ああ、くわしくここに書く必要もないのだが、私がエリスを愛する思いが突然強くなって、とうとう二人離れがたい仲となったのはこの時だった。わが生涯を左右する進退の大事が目の前にころがっていて、まさに危急存亡の急場であるのに、このような行ないがあったのを不思議に思い、また非難する人もあるだろうが、そもそも私がエリスを思う情愛は、初めて知り合った時から浅いものではなかった上に、今私の不幸な境涯に同情し、同時にまた別れを悲しんで、伏せた顔ばせにほどけた髪が流れかかって嘆きに沈んでいる、美しくいじらしいその姿が、職を失い故国の母にも死なれるという悲痛きわまりない衝撃のために普通の状態でなくなっている私の深奥《しんおう》を貫いて、めくるめく陶酔の間にこのような仲になってしまったことを、どうせよというのだろうか。

公使に約束した日限も近づき、私の命運の尽きる時が迫っていた。このまま日本に帰るとしたら、学問も成就せず汚名を着せられたこの身に、一生浮かぶ瀬はあるまい、しかしだからといってドイツにとどまろうとするためには、学費を稼げるような手立てとてないのだ。

この時、私を助けてくれたのは、今船で日本に帰る一行の中にいる相澤謙吉である。彼は東京にいて、すでに天方伯爵の秘書官になっていたが、私の免官が官報に出たのを見て、某新聞の編集長を説得し、私を新聞社の通信員にさせ、ベルリンにとどまって政治や学芸のことを報道させるようにしたのだ。

新聞社の報酬はほんのわずかなものであったが、住む家を引っ越し、昼食をとる店なども変えたなら、何とか細々と生活することはできよう。あれこれ考えているうちに、誠実な心を見せて助け舟を出してくれたのはエリスだった。彼女はどうやって母を説得したのだろうか、結局私はエリスたち親子の家に身を寄せることとなり、エリスと私とはいつともなく、あるか無いかの収入を足しあって、つらい中にも楽しい日々を送ったのである。

朝のコーヒータイムを終えると、エリスは踊りの稽古に行き、私はケーニッヒ街の間口が狭く奥行きばかりが大変長い休息所を訪れて、あらゆる新聞を読み、鉛筆を取り出してあれこれと記事の材料を集める。このカットした引き窓から光を取り入れる室内で、定職についていない若者や、多くもない持ち金を人に貸して自分はその利子で遊び暮らす老人、取引所の営業の休憩時間に足を休めに来る商人などと同席して、冷たい石造りのテーブルの上でせわしくペンを走らせ、ウエートレスが運んで来る一杯のコーヒーが冷めるのも気にかけないで、読む人のない新聞を細長い板切れに挟んで綴じたものを何種類も掛け並べているかたわらの壁際に、何度となく行ったり来たりする日本人を、事情を知らない人たちは何と思って見たことだろうか。また午後一時近くなると、踊りの稽古に行った日は帰り道に立ち寄って、私と一緒に店を出てゆくこのふしぎとステップの軽い、手のひらの上でも舞い踊ることのできそうな少女のことを、怪しんで見送る人も、きっといたことだろう。

私の学問は、すっかり乱れた。屋根裏部屋にかすかな灯りをともし、劇場から帰ったエリスが椅子にもたれて縫物などをするかたわらの机で、私は新聞の原稿を書いた。昔、法令や条文の乾いた言葉を紙の上にかき集めたのとは異なり、今は生き馬の目を抜くような政界の動きや、文学、美術に関する最新の批評などを、あれやこれやと結びつけて、力の及ぶ限界まで、ビヨルネよりはむしろハイネを学ぶことで思想を構築し、いろいろな文章を書いた中でも、ひきつづきウィルヘルム一世とフリードリヒ三世との崩御に直面して、新帝ウィルヘルム二世の即位、ビスマルク侯の進退がどうなるかなどのことについては、ことさら詳しい報告をなしたのだった。だからこの頃からは思ったよりも忙しくて、多くもない蔵書のページを繰り、大学で学んだ法律学に触れることも難しく、大学はまだ除籍にはなっていなかったが、授業料を納めるのも難しかったから、たった一つに絞った講義でさえ、出席して聴講することはまれだった。

私の学問はすっかり乱れた。しかし私は、学問とは別に、ある種の見識を高めるに至っていた。それはどんなことかと言えば、いったい民間の学問が広まっていることについては、欧州諸国の中でもドイツに及ぶ国はないだろう。何百種類もの新聞雑誌に見出すことのできる議論にはたいそう高尚なものも多いのだが、それを私は通信員となった日からこのかた、以前大学に足しげく通った時に身に着けることのできたものを見抜く眼力によって、読んではまた読み、書き写しては写しているうちに、それまでは一本の道の上だけを走っていた知識が、おのずと総括的になって、同じ日本からの留学生たちの大半の者は及びもつかない境地に至った。留学生たちの中には、ドイツ新聞の社説程度のものさえきちんと読むことのできない人までいるというのに。

スーパー読解シート　Ⅲ（エリスとの出会いと免官）

⑪原文３８ページ4行目～、豊太郎が「クロステル巷《かう》（巷は狭く薄暗い小路）」を訪れるたびに、「心の恍惚《くわうこつ》となりてしばしたたずみしこと（心が陶然としてしばらくそこにたたずんだこと）」が多かったのは、なぜだと考えられるか。自分の考えを書け。

⑫原文３８ページ最終行～「この青く清らにて～我が心の底までは徹したるか。」の描写が、豊太郎とエリスの出会い、すなわち豊太郎がエリスをとらえた最初の印象である。ここから始まるこの日のことを後で豊太郎が形容している表現を、原文４４ページ１１行目行「嗚呼、くはしくここに写さ

んも」から始まる段落より二十九字で抜き出して書け。

⑬ 原文41ページ1行目「伏したるは亡き人なるべし」とは、誰のことを指しているか。具体的に答えよ。

⑭ 原文42ページ8行目以降、豊太郎はドイツ留学の同僚の告げ口がもとで、省の長官に解雇される（クビになる）が、その原因と考えられることを三つあげよ。

・

・

・

⑮ 原文４３ページ９行目～４４ページ４行目にみられるエリスの舞姫としての境涯は、ア．豊太郎がエリスを思う心情と、イ．豊太郎を陥れた彼の留学仲間たちの心情に、どのように影響していると考えるか。

ア．

イ．

⑯原文44ページ11行目「嗚呼、くはしくここに写さんも要なけれど」にはじまる段落で、豊太郎とエリスは「離れ難《がた》き仲」となり、あとでエリスが豊太郎の子を宿すような仲になっている。ここで原文には、「この行ひありしを怪しみ、また誹《そし》る人もあるべけれど（このような行いがあったのを不思議に思い、また非難する人もあるだろうが）」と書かれているが、そのこと（豊太郎の倫理的責任）について、どう考えるか。自分の考えを書け。なお、巻末記述例には豊太郎の責任に対して肯定的、否定的な二種類を記すので、自由に思うところを記してよい。

⑰原文45ページ7行目、豊太郎の親友相澤謙吉が間接的に登場する。ア．「今我が同行の一人なる」とはどういう意味か、説明せよ。またイ．この時相澤が豊太郎の窮地を救った行為についてどう思うか、自分の考えを書け。

ア．

イ．

⑱原文46ページに書かれている豊太郎とエリスの生活を、どのように思うか。自分の考えを書け。

⑲原文46ページ最終行以降、官職を罷免された（クビになった）豊太郎が、相澤の周旋《しゅうせん》で日本の新聞社の通信員となり、追い詰められた境涯ながら全力で奮闘する様子が描かれている。このことをまとめた次の文の空所に入る言葉を、エは三字、その他は二字で、それぞれ考えて書け。

ア（二字）の留学生としてのイ（二字）とウ（二字）は失ったが、新聞社のエ（三字）　として独自のオ（二字）を養い、のちに天方大臣に認められるカ（二字）とキ（二字）を養った期間である。

ア　イ　ウ　エ

オ　カ　キ　※カ・キは順不同

原文　Ⅳ（栄進と破局）

　明治二十一年の冬は来《き》にけり。表町《おもてまち》の人道にてこそ沙《すな》をも蒔《ま》け、鍤《すき》をも揮《ふる》へ、クロステル街のあたりは凸凹坎坷《かんか》のところは見ゆめれど、表のみはいちめんに氷《こほ》りて、朝《あした》に戸を開《ひら》けば飢ゑ凍へし雀の落ちて死にたるも哀れなり。室《へや》を温め、かまどに火を焚《た》きつけても、壁の石をとほし、衣《ころも》の綿《わた》をうがつ北欧羅巴《ヨオロッパ》の寒さは、なかなかに堪へ難《がた》かり。エリスは二、三日前の夜、舞台にて卒倒しつとて、人に助けられて帰り来《こ》しが、それより心地悪《あ》しとて休み、物食ふごとに吐くを、悪阻《つはり》といふものならんと初めて心づきしは母なりき。嗚呼《ああ》、さらぬだに覚束《おぼつか》なきは我が身の行く末なるに、もし真《まこと》なりせばいかにせまし。

　今朝は日曜なれば家に在れど、心は楽しからず。エリスは床《とこ》に臥《ふ》すほどにはあらねど、小さき鉄炉のほとりに椅子《いす》さし寄せて言葉寡《すくな》し。この時戸口《とぐち》に人の声して、ほどなく庖厨《ほうちゅう》にありしエリスが母は、郵便の書状を持て来て余にわたしつ。見れば見覚えある相澤が手なるに、郵便切手は普魯西《プロシア》のものにて、消印には伯林《ベルリン》とあり。訝《いぶか》りつつも披《ひら》きて読めば、とみのことにてあらかじめ知らするに由《よし》なかりしが、昨夜《よべ》ここに着せられし天方大臣につきてわれも来たり。伯の汝《なんぢ》を見まほしとのたまふに疾《と》く来よ。汝《なんぢ》が名誉を恢復《くわいふく》するもこの時にあるべきぞ。⑳心のみ急がれて用事をのみ言ひやるとなり。読みをはりて茫然《ばうぜん》たる面《おも》もちを見て、エリス言ふ。「故郷よりの文《ふみ》なりや。悪《あ》しき便《たより》にてはよも。」彼は例の新聞社の報酬に関する書状と思ひしならん。「否、心にな掛けそ。御身《おんみ》も名を知る相澤が、大臣とともにここに来てわれを呼ぶなり。急ぐと言へば今よりこそ。」

㉑かはゆき独《ひと》り子《ご》を出だしやる母もかくは心を用ゐじ。大臣にまみえもやせんと思へばならん、エリスは病をつとめて起《た》ち、上襦袢《うはじゆばん》もきはめて白きを撰《えら》び、丁寧にしまひおきし「ゲエロック」といふ二列ぼたんの服を出《い》だして着せ、襟飾りさへ余がために手づから結びつ。

「これにて見苦しとは誰《たれ》もえ言はじ。我が鏡に向きて見たまへ。何故《なにゆえ》にかく不興《ふきよう》なる面《おも》もちを見せたまふか。われももろともに行かまほしきを。」少し容《かたち》を改めて、「否、かく衣《ころも》を更《あらた》めたまふを見れば、なにとなく我が豊太郎《とよたろう》の君とは見えず。」また少し考へて、「よしや富貴《ふうき》になりたまふ日はありとも、われをば見棄《みす》てたまはじ。我が病は母ののたまふごとくならずとも。」

「何、富貴《ふうき》。」余は微笑しつ。「政治社会などに出《い》でんの望みは絶ちしより幾年《いくとせ》をか経ぬるを。大臣は見たくもなし。ただ年久しく別れたりし友にこそ逢《あ》ひには行け。」エリスが母の呼びし一等「ドロシユケ」は、輪下《りんか》にきしる雪道を窓の下まで来《き》ぬ。余は手袋をはめ、少し汚れたる外套《ぐわいたう》を背に被《おほ》ひて手をば通さず帽を取りてエリスに接吻《せつぷん》して楼《たかどの》を下《お》りつ。彼は凍れる窓を開《あ》け、乱れし髪を朔風《さくふう》に吹かせて余が乗りし車を見送りぬ。

余が車を下《お》りしは「カイゼルホオフ」の入り口なり。門者《かどもり》に秘書官相澤が室《へや》の番号を問ひて、久しく踏み慣れぬ大理石の階《きざはし》を登り、中央の柱に「プリユツシユ」を被へる「ゾフア」を据ゑつけ、正面には鏡を立てたる前房《ぜんぼう》に入りぬ。外套《ぐわいたう》をばここにて脱ぎ、廊《わたどの》をつたひて室《へや》の前まで往《ゆ》きしが、余は少し蜘蹰《ちちう》したり。同じく大学に在りし日に、余が品行の方正なるを激賞したる相澤が、けふはいかなる面《おも》もちして出《い》で迎ふらん。室《へや》に入《い》りて相対《あひたい》して見れば、形こそ旧《もと》に比ぶれば肥えてたくましくなりたれ、依然たる快活の気象、我が失行《しつかう》をもさまで意に介せざりきと見ゆ。別後の情を細叙《さいじよ》するにもいとまあらず、引かれて大臣に謁し、委託《いたく》せられしは独逸語《ドイツ》にて記《しる》せる文書《もんじよ》の急を要するを翻訳せよとのことなり。余が文書《もんじよ》を受領して大臣の室《へや》を出《い》でし時、相澤はあとより来て余と午餐《ひるげ》をともにせんと言ひぬ。㉒食卓にては彼多く問ひて、我多く答へき。彼が生路《せいろ》はおほむね平滑なりしに、轗軻数奇《かんかさくき》なるは我が身の上なりければなり。

我が胸臆《きようおく》を開いて物語りし不幸なる閲歴を聞きて、彼はしばしば驚きしが、なかなかに余を譴《せ》めんとはせず、かへりて他の凡庸なる諸生輩《しよせいはい》を罵《ののし》りき。されど物語の畢《をは》りし時、彼は色を正して諫《いさ》むるやう、この一段のことはもと生まれながらなる弱き心より出《い》でしなれば、いまさらに言はんもかひなし。とはいへ、学識あり、才能あるものが、いつまでか一少女《いちをとめ》の情にかかづらひて、目的なき生活《なりはひ》をなすべき。今は天方伯もただ独逸語《ドイツ》を利用せんの心のみなり。己もまた伯が当時の免官の理由を知れるがゆゑに、強ひてその成心を動かさんとはせず、伯が心中にて曲庇者《きよくひしや》なりなんど思はれんは、朋友《ほうゆう》に利なく、己に損あればなり。人を薦むるはまづその能を示すに若《し》かず。これを示して伯の信用を求めよ。またかの少女《をとめ》との関係は、よしや彼に誠ありとも、よしや情交は深くなりぬとも、人材を知りての恋にあらず、慣習といふ一種の惰性より生じたる交《まじはり》なり。意を決して断てと。これその言《こと》のおほむねなりき。

大洋に舵《かぢ》を失ひし舟人が、はるかなる山を望むごときは、相澤が余に示したる前途の方鍼《ほうしん》なり。されどこの山はなほ重霧《ぢゆうむ》の間《あひだ》に在りて、いつ往《ゆ》きつかんも、否、はたして往《ゆ》きつきぬとも、わが中心に満足を与へんも定かならず。貧しきが中にも楽しきは今の生活、棄《す》て難《がた》きはエリスが愛。わが弱き心には思ひ定めん由《よし》なかりしが、しばらく友の言《こと》に従ひて、この情縁を断たんと約しき。㉓余は守るところを失はじと思ひて、己に敵する者には抗抵《かうてい》すれども、友に対して否とはえ対《こた》へぬが常なり。

別れて出《い》づれば風面《おもて》を撲《う》てり。二重《ふたへ》の玻璃《ガラス》窓をきびしく鎖《とざ》して、大いなる陶炉に火を焚《た》きたる「ホテル」の食堂を出《い》でしなれば、薄き外套《ぐわいたう》をとほる午後四時の寒さはことさらに堪へ難《がた》く、膚粟《はだへあわだ》立つとともに、㉔余は心の中に一種の寒さを覚えき。

翻訳は一夜になし果てつ。「カイゼルホオフ」へ通ふことはこれよりやうやく繁《しげ》くなりもてゆくほどに、初めは伯の言葉も用事のみなりしが、後《のち》には近ごろ故郷にてありしことなどを挙げて余が意見を問ひ、折に触れては道中にて人々の失錯ありしことどもを告げてうち笑ひたまひき。

ひと月ばかり過ぎて、ある日伯は突然我に向かひて、「余は明日《あす》、魯西亜《ロシア》に向かひて出発すべし。随《したが》ひて来《く》べきか。」と問ふ。余は数日間、かの公務にいとまなき相澤を見ざりしかば、この問ひは不意に余を驚かしつ。「いかで命《めい》に従はざらん。」余は我が恥を表さん。㉕この答へはいち早く決断して言ひしにあらず。余は己が信じて頼む心を生じたる人に、卒然ものを問はれたる時は、咄嗟《とっさ》の間《かん》、その答への範囲をよくも量らず、直ちにうべなふことあり。さてうべなひしうへにて、そのなし難《がた》きに心づきても、強ひて当時の心うつろなりしを掩《おほ》ひ隠し、耐忍《たいにん》してこれを実行することしばしばなり。

この日は翻訳の代《しろ》に、旅費さへ添へて賜りしを持て帰りて、翻訳の代《しろ》をばエリスに預けつ。これにて魯西亜《ロシア》より帰り来《こ》んまでの費《つひえ》をば支へつべし。彼は医者に見せしに常ならぬ身なりといふ。貧血の性《さが》なりしゆゑ、幾月《いくつき》か心づかでありけん。座頭《ざがしら》よりは休むことのあまりに久しければ籍を除きぬと言ひおこせつ。まだひと月ばかりなるに、かく厳しきは故あればなるべし。旅立ちのことにはいたく心を悩ますとも見えず。偽りなき我が心を厚く信じたれば。

鉄路にては遠くもあらぬ旅なれば、用意とてもなし。身に合はせて借りたる黒き礼服、新たに買ひ求めたるゴタ板《ばん》の魯廷《ロてい》の貴族譜、二、三種の辞書などを、小「カバン」に入れたるのみ。さすがに心細きことのみ多きこのほどなれば、出《い》で行《ゆ》くあとに残らんも物憂かるべく、また停車場にて涙こぼしなどしたらんにはうしろめたかるべければとて、翌朝早くエリスをば母につけて知る人がり出だしやりつ。余は旅装整へて戸を鎖《とざ》し、鍵《かぎ》をば入り口に住む靴屋の主人に預けて出《い》でぬ。

魯《ロ》国行きにつきては、何ごとをか叙すべき。我が舌人《ぜつじん》たる任務《つとめ》はたちまちに余を拉《らつ》し去りて、青雲の上におとしたり。余が大臣の一行に随《したが》ひて、ペエテルブルクに在りし間《かん》に余を囲繞《いねう》せしは、㉖巴里《パリー》絶頂の驕奢《けうしや》を、氷雪のうちに移したる王城の粧飾《さうしよく》、ことさらに黄蠟《わうらふ》の燭《しよく》を幾つともなくともしたるに、幾星《いくせい》の勲章、幾枝《いくし》の「エポレット」が映写する光、彫褸《てうる》の工《たくみ》を尽くしたる「カミン」の火に寒さを忘れて使ふ宮女の扇のひらめきなどにて、この間仏蘭西《フランス》語を最も円滑に使ふものはわれなるがゆえに、賓主の間《あひだ》に周旋して事を弁ずるものもまた多くは余なりき。

この間《かん》余はエリスを忘れざりき、否、彼は日毎《ごと》に書《ふみ》を寄せしかばえ忘れざりき。余が立ちし日には、いつになく独りにて燈火《ともしび》に向かはんことの心憂さに、知る人の許《もと》にて夜に入《い》るまで物語し、疲るるを待ちて家に帰り、直ちに寝《い》ねつ。次の朝《あした》目醒《めざ》めし時は、なほ独りあとに残りしことを夢にはあらずやと思ひぬ。起き出《い》でし時の心細さ、かかる思ひをば、生計《たつき》に苦しみて、けふの日の食なかりし折にもせざりき。これ彼が第一の書《ふみ》のあらましなり。

またほど経ての文《ふみ》はすこぶる思ひ迫りて書きたるごとくなりき。文《ふみ》をば否といふ字にて起こしたり。

否、君を思ふ心の深き底《そこひ》をば今ぞ知りぬる。君は故里《ふるさと》に頼もしき族《やから》なしとのたまへば、この地に善き世渡りの生計《たつき》あらば、留《とど》まりたまはぬことやはある。また我が愛もて繋《つな》ぎ留めではやまじ。それもかなはで東《ひんがし》に還《かへ》りたまはんとならば、親とともに征《ゆ》かんはやすけれど、かほどに多き路用をいづくよりか得ん。いかなる業《わざ》をなしてもこの地に留《とど》まりて、君が世に出《い》でたまはん日をこそ待ためと常には思ひしが、しばしの旅とて立ち出《い》でたまひしよりこの二十日《はつか》ばかり、別離の思ひは日にけに茂りゆくのみ。袂《たもと》を分かつはただ一瞬の苦艱《くかん》なりと思ひしは迷ひなりけり。我が身の常ならぬがやうやくにしるくなれる、それさへあるに、よしやいかなることありとも、我をばゆめな棄《す》てたまひそ。母とはいたく争ひぬ。されど、我が身の過ぎし頃には似で思ひ定めたるを見て心折れぬ。わが東《ひんがし》に往《ゆ》かん日には、ステツチンわたりの農家に、遠き縁者あるに、身を寄せんとぞ言ふなる。書きおくりたまひしごとく、大臣の君に重く用ゐられたまはば、我が路用の金はともかくもなりなん。今はひたすら君が伯林《ベルリン》に帰りたまはん日を待つのみ。

㉗嗚呼《ああ》、余はこの書《ふみ》を見てはじめて我が地位を明視し得たり。恥づかしきは我が鈍き心なり。余は我が身一つの進退につきても、また我が身にかかはらぬ他人《ひと》のことにつきても、決断ありと自ら心に誇りしが、この決断は順境にのみありて、逆境にはあらず。我と人との関係を照らさんとする時は、頼みし胸中の鏡は曇りたり。

大臣は既に我に厚し。されど我が近眼はただ己が尽くしたる職分をのみ見き。余はこれに未来の望みを繋《つな》ぐことには、㉘神も知るらん、絶えて想《おも》ひいたらざりき。されど今ここに心づきて、我が心はなほ冷然たりしか。先に友の勧めし時は、大臣の信用は屋上の禽《とり》のごとくなりしが、今はややこれを得たるかと思はるるに、相澤がこのごろの言葉の端《はし》に、本国に帰りて後《のち》もともにかくてあらば云々《しかじか》と言ひしは、大臣のかくのたまひしを、友ながらも公事《おほやけごと》なれば明らかには告げざりしか。いまさら思へば、余が軽率にも彼に向かひてエリスとの関係を断たんと言ひしを、早く大臣に告げやしけん。

嗚呼《ああ》、独逸《ドイツ》に来《こ》し初めに、自ら我が本領を悟りきと思ひて、また器械的人物とはならじと誓ひしが、こは足を縛《ばく》して放たれし鳥のしばし羽を動かして自由を得たりと誇りしにはあらずや。足の糸は解くに由《よし》なし。先にこれをあやつりしは、我が某《なにがし》省の官長にて、今はこの糸、あなあはれ、天方伯の手中《しゅちゅう》に在り。余が大臣の一行とともに伯林《ベルリン》に帰りしは、あたかもこれ新年の旦《あした》なりき。停車場に別れを告げて、我が家《や》をさして車を駆りつ。ここにては今も除夜に眠らず、元旦《ぐわんたん》に眠るが習《ならひ》なれば、万戸寂然《ばんこせきぜん》たり。寒さは強く、路上の雪は稜角《りょうかく》ある氷片となりて、晴れたる日に映じ、きらきらと輝けり。車はクロステル街に曲がりて、家の入り口にとどまりぬ。この時窓を開く音せしが、車よりは見えず。駅丁《ぎょてい》に「カバン」持たせて梯《はしご》を登らんとするほどに、エリスの梯《はしご》を駆け下りるに逢《あ》ひぬ。彼が一声《ひとこえ》叫びて我が項《うなじ》を抱《いだ》きしを見て駅丁《ぎょてい》は呆《あき》れたる面《おも》もちにて、何やらん髭《ひげ》の内にて言ひしが聞こえず。

「よくぞ帰り来たまひし。帰り来たまはずば我が命は絶えなんを。」

我が心はこの時までも定まらず、故郷を憶《おも》ふ念と栄達を求むる心とは、時として愛情を圧せんとせしが、ただこの一刹那《いっせつな》、低徊踟躕《ていくわいちちう》の思ひは去りて、余は彼を抱《いだ》き、彼の頭《かしら》は我が肩に倚《よ》りて、彼が喜びの涙ははらはらと肩の上に落ちぬ。

「幾階か持ちて行くべき。」と鑼《どら》のごとく叫びし馭丁《ぎよてい》は、いち早く登りて梯《はしご》の上に立てり。

戸の外に出《い》で迎へしエリスが母に、馭丁《ぎよてい》をねぎらひたまへと銀貨をわたして、余は手を取りて引くエリスに伴はれ、急ぎて室《へや》に入《い》りぬ。一瞥《いちべつ》して余は驚きぬ。机の上には白き木綿、白き「レエス」などをうづたかく積み上げたれば。

エリスはうち笑みつつこれを指して、「何《なに》とか見たまふ、この心がまへを。」と言ひつつ一つの木綿ぎれを取り上ぐるを見れば襁褓《むつき》なりき。「我が心の楽しさを思ひたまへ。生まれん子は君に似て黒きひとみをや持ちたらん。このひとみ。嗚呼《ああ》、夢にのみ見しは君が黒きひとみなり。生まれたらん日には君が正しき心にて、[29]よもあだし名をばなのらせたまはじ。」彼は頭《かうべ》を垂れたり。「をさなしと笑ひたまはんが、寺に入《い》らん日はいかに嬉《うれ》しからまし。」見上げたる目《まみ》には涙満ちたり。

二、三日の間《あひだ》は大臣をも、旅の疲れやおはさんとてあへて訪《とぶ》らはず、家にのみこもりをりしが、ある日の夕暮れ使《つかひ》して招かれぬ。往《ゆ》きて見れば待遇殊《こと》にめでたく、魯西亜《ロシア》行きの労を問ひ慰めて後《のち》、㉚われと共に東《ひんがし》にかへる心なきか、君が学問こそわが測り知るところならね、語学のみにて世の用には足りなん、滞留《たいりう》のあまりに久しければ、さまざまの係累もやあらんと、相澤に問ひしに、さることなしと聞きて落ち居たりとのたまふ。その気色《けしき》辞《いな》むべくもあらず。あなやと思ひしが、さすがに相澤の言《こと》を偽りなりとも言ひ難《がた》きに、もしこの手にしもすがらずば、本国をも失ひ、名誉をひきかへさん道をも断ち、身はこの広漠たる欧州大都《たいと》の人の海に葬られんかと思ふ念、心頭を衝《つ》いて起これり。嗚呼《ああ》、なんらの特操なき心ぞ、「㉚承りはべり。」と応《こた》へたるは。

㉚黒がねの額《ぬか》はありとも、帰りてエリスに何《なに》とか言はん。「ホテル」を出でし時の我が心の錯乱は、たとへんに物なかりき。余は道の東西をも分かず、思ひに沈みて行《ゆ》くほどに、往きあふ馬車の馭丁《ぎよてい》に幾たびか叱《しつ》せられ、驚きて飛びのきつ。しばらくしてふとあたりを見れば、獣苑《じうゑん》の傍らに出《い》でたり。倒るるごとくに路《みち》の辺《べ》の榻《こしかけ》に倚《よ》りて、灼《や》くがごとく熱し、椎《つち》にて打たるるごとく響く頭《かしら》を榻背《たふはい》にもたせ、

死したるごときさまにて幾時《いくとき》か過ぐしけん。はげしき寒さ骨に徹すと覚えて醒《さ》めし時は、夜に入《い》りて雪は繁《しげ》く降り、帽の庇《ひさし》、外套《ぐわいたう》の肩には一寸ばかりも積もりたりき。

もはや十一時をや過ぎけん、モハビット、カルル街通ひの鉄道馬車の軌道も雪に埋《うづ》もれ、ブランデンブルゲル門のほとりの瓦斯《ガス》灯は寂しき光を放ちたり。立ち上がらんとするに足の凍えたれば、両手にて擦《さす》りて、やうやく歩み得《う》るほどにはなりぬ。

足の運びのはかどらねば、クロステル街まで来《こ》し時は半夜《はんや》をや過ぎたりけん。ここまで来《こ》し道をばいかに歩みしか知らず。一月上旬の夜なれば、ウンテル・デン・リンデンの酒家《しゆか》、茶店はなほ人の出入《でい》り盛りにて賑《にぎ》はしかりしならめど、ふつに覚えず。我が脳中にはただただ我はゆるすべからぬ罪人《つみびと》なりと思ふ心のみ満ち満ちたりき。

四階の屋根裏には、エリスはまだ寝《い》ねずとおぼしく、㉛炯然《けいぜん》たる一星《いつせい》の火、暗き空にすかせば、明らかに見ゆるが、降りしきる鷺《さぎ》のごとき雪片に、たちまち掩《おほ》はれ、たちまちまたあらはれて、風にもてあそばるるに似たり。戸口《とぐち》に入《い》りしより疲れを覚えて、身の節《ふし》の痛み堪へ難《がた》ければ、這《は》ふごとくに梯《はしご》に登りつ。庖厨《はうちゆう》を過ぎ、室《へや》の戸を開《ひら》きて入《い》りしに、机に倚《よ》りて襁褓《むつき》縫ひたりしエリスは振り返りて、「あ。」と叫びぬ。「㉜いかにかしたまひし。御身《おんみ》の姿は。」

驚きしもうべなりけり。蒼然《さうぜん》として死人に等しき我が面色《めんしよく》、帽をばいつの間にか失ひ、髪はおどろと乱れて、幾たびか道にてつまづき倒れしことなれば、衣《ころも》は泥まじりの雪に汚れ、ところどころは裂けたれば。

余は答へんとすれど声出《い》でず、膝《ひざ》のしきりにをののかれて立つに堪へねば、椅子《いす》をつかまんとせしまでは覚えしが、そのままに地に倒れぬ。

人事を知るほどになりしは数週《すしう》の後《のち》なりき。熱はげしくて譫言《うはこと》のみ言ひしを、エリスがねんごろにみとるほどに、ある日相澤は尋ね来て、余が彼に隠したる顛末《てんまつ》をつばらに知りて、大臣には病のことのみ告げ、よきやうに繕ひおきしなり。余ははじめて病牀《びやうしやう》に侍《じ》するエリスを見て、その変はりたる姿に驚きぬ。彼はこの数週《すしう》のうちにいたく痩《や》せて、血走りし目はくぼみ、灰色の頬《ほほ》は落ちたり。相澤の助けにて日々の生計《たつき》には窮せざりしが、この恩人は彼を精神的に殺ししなり。

後《のち》に聞けば彼は相澤に逢《あ》ひし時、余が相澤に与へし約束を聞き、またかの夕べ大臣に聞こえ上げし一諾を知り、にはかに座より躍り上がり、面色さながら土のごとく、「㉝我が豊太郎ぬし、かくまでに我をば欺きたまひしか。」と叫び、その場に倒れぬ。相澤は母を呼びてともにたすけて床に臥《ふ》させしに、しばらくして醒《さ》めし時は、目は直視《まみ》したるままにて傍らの人をも見知らず、我が名を呼びていたく罵《のの》り、髪をむしり、蒲団《ふとん》を噛《か》みなどし、またにはかに心づきたるさまにて物を探りもとめたり。㉞母の取りて与ふるものをばことごとくなげうちしが、机の上なりし襁褓《むつき》を与へたる時、探りみて顔に押しあて、涙を流して泣きぬ。

これよりは騒ぐことはなけれど、精神の作用はほとんど全く廃して、その痴なること赤児《あかご》のごとくなり。医に見せしに、過劇なる心労にて急に起こりし「パラノイア」といふ病なれば、治癒の見込みなしといふ。ダルドルフの癲狂院《てんきやうゐん》に入《い》れんとせしに、泣き叫びて聴かず、後《のち》にはかの襁褓《むつき》一つを身につけて、幾たびか出《い》だしては見、見ては歔欷《ききよ》す。余が病牀《びやうしやう》をば離れねど、これさへ心ありてにはあらずと見ゆ。ただをりをり思い出《い》だしたるやうに「薬を、薬を。」といふのみ。

余が病は全く癒《い》えぬ。㉟エリスが生ける屍《かばね》を抱きて千行《ちすぢ》の涙をそそぎしは幾たびぞ。大臣に随《したが》ひて帰東の途《みち》に上りし時は、相澤とはかりてエリスが母にかすかなる生計《たつき》を営むに足るほどの資本を与へ、あはれなる狂女の胎内に遺《のこ》しし子の生まれん折のことをも頼みおきぬ。

㊱嗚呼《ああ》、相澤謙吉がごとき良友は世にまた得難《えがた》かるべし。されど我が脳裡《なうり》に一点の彼を憎むこころ今日《けふ》までも残れりけり。

現代語訳　Ⅳ（栄進と破局）

明治二十一年の冬がとうとうやって来た。表通りの歩道にこそ、砂をも撒《ま》き、それを鍤《すき》で整えたりもしているけれど、クロステル街のあたりには雪のため道がでこぼこしているところもあるはずなのだが、しかしその道も表面だけは一面に凍りついて、朝窓を開けると、餓えこごえて死んだ雀が落ちて死んでいるのが見えるなどして、哀れである。部屋に暖房を入れ、かまどの火を燃やしていても、石造りの壁を通って来て、綿入れの服をもつらぬく北ヨーロッパの寒さは、なかなか耐え難いものがある。エリスは二、三日前の夜、舞台で卒倒したということで、人に助けられて帰って来たが、それから気持ちが悪いと言って舞台を休み、食事のたびに吐いてしまうのを、悪阻《つわり》ではないかと最初に気づいたのはエリスの母だった。ああ、そうでなくとも先行きの見通しの立たない自分の将来であるのに、もし本当だったとしたら、いったいどうすればよいのだろう。

今朝は日曜だから家にいたが、心はなぐさまない。エリスはベッドに横たわるほどではないが、小さなストーブのそばに椅子をおいてもたれ、言葉も少ない。その時戸口に人の声がして、ほどなく台所にいたエリスの母が、郵便物を持って来て私に渡した。見ると、見覚えのある相澤の筆跡なのだが、プロシアの郵便切手で、消印はベルリンとなっている。いぶかりながら開いて手紙を読むと、「急なことで事前に連絡する方法もなかったが、昨夜ここに到着された天方大臣に随行して、自分もやって来た。伯爵（大臣）が君に会いたいとおっしゃるので早く来るとよい。君の名誉を回復するのは今しかないぞ。気がはやるばかりだから、用件だけを記す。」と書かれていた。読み終わって茫然としている私の顔つきを見て、エリスは言った。「お国からのお手紙かしら。まさか悪い報せではないでしょうね。」彼女は新聞社からの給金の関係の手紙だと思ったらしい。「いや、心配しなくていい。君もその名を知っている友人の相澤が、大臣と一緒にベルリンに来ていて、僕を呼んでいるんだ。急ぐということだから、今からちょっと行って来るよ。」

かわいい一人息子を送り出す母でさえ、これほどまでに気を配ることはしないだろう。大臣にお会いするかも知れないと思ったからだろうか、エリスは病を押して立ち上がり、真っ白なワイシャツを選び、大事にしまっておいたフロックコートを出して着せ、私のためにネクタイをみずからの手で結んでくれた。そして言う。

「これでみっともないなんて、だれにも言えないはずよ。私の鏡で見てごらんなさい。どうしてそんなにむずかしい顔をなさっているの。私も一緒についていきたいくらいの気持ちなのに。」そして少し面持ちを改め、「いいえ、こうしてきちんと身なりを整えなさったところを見ると、何となく私の豊太郎さんじゃないみたいだわ。」また少し考えて、「もし出世なさってお金持ちになったとしても、決して私をお見捨てになることはないでしょうね。たとえお母さんが言われるように、今具合の悪いのが悪阻《つわり》じゃなかったとしても。」

「何、金持ち。」私は微笑した。「政治の世界などに出て行こうという願望は、とうの昔に捨てたよ。大臣なんかには会いたくもない。ただ何年も会っていない友だちに会いに行くだけだよ。」エリスの母が呼んだ一等の貸馬車「ドロシュケ」は、凍った雪道に車輪をきしませながら、家のすぐ下までやって来た。私は手袋をはめ、少し汚れたコートを背にかづきて腕は通さず、帽子を取ってエリスに口づけすると階段を下りて行った。エリスはがたぴし凍りついている窓を開け、乱れた髪を北風が吹くにまかせて、私の乗った馬車を見送った。

私が馬車を下りたのは、カイザーホーフというホテルの入り口だった。フロントで秘書官相澤の部屋番号をたずね、久しく踏んだことのない大理石造りの階段を登って、中央の柱にビロードでおおったソファーを据えつけ、正面には大きな鏡を立ててある控えの間に入った。コートをここで脱ぎ、廊下をつたって部屋の前まで行ったものの、私は少しためらった。大学に一緒にいた頃、私が品行方正であると激賞してくれた相澤が、今日はどんな顔で私を出迎えるだろう。いざ部屋に入って相澤に会うと、体形は以前より太って恰幅《かっぷく》良くなっているものの、昔と変わらぬ快活な気性で、私の失敗もそれほど気にかけていないようであった。一別後のことをくわしく語る暇《いとま》もなく、連れられて大臣のお目にかかり、頼まれたのは、ドイツ語で書かれた文書のうち急ぐものを翻訳しろということだった。私がその文書を受け取って大臣の部屋を出た時、相澤はあとを追って来て、昼食をいっしょにとろうと言った。

食卓では、相澤が多くのことを質問し、私が多くのことを答えた。彼が生きて来た道のりはだいたい順調だったが、私の身の上は不運の連続で波乱万丈なものだったから。

私が胸襟《きょうきん》を開いて語った不幸なこれまでのことを聞いて、彼はしばしばおどろいたが、かんたんに私を責めるようなことは言わず、かえって他の凡庸な留学生たちをののしるほどだった。しかし一連の話が終わった時、彼は居ずまいを正していさめる調子で言う。これまでの一連のことは、生来の気弱さから生じたことだから、いまさらどうこう言うつもりはない。だが、学識も才能をも備えた君が、いつまでも一人の少女の情に引きずられて、あてのない生活をするべきではない。今は天方伯爵もただ君のドイツ語の力を利用しようとのお考えだけだ。自分もまた、伯爵が君の免官された理由を知っているから、あえて伯爵の君に対する概念を変えようとはしていない。伯爵の心の中で、自分が君をえこひいきしているなどと思われてしまっては、友にも利するところがないし、自分には損があるだけだからだ。人を推薦するのには、まずその人の能力を示すのが一番だ。まず伯爵に能力を示して、その信用を得よ。いっぽう例の少女との関係は、かりに相手が真剣で、かりに深い仲であったとしても、そもそもどういう人物かを知った上での恋でなく、なりゆきという惰性のようなもので生じた関係だ。だから思い切って関係を断つべきだ、と。これがその言葉のあらましである。

大海原でかじを失った船乗りが、はるかかなたの山を目標として眺めるようであるのが、相澤が私に示した先行きの望みである。しかしこの山はまだまだ濃い霧の中に見えているもので、いつたどり着くことができるのかも、いや、かりにたどり着いたとしても、私の心に満足を与えてくれるものなのかもわからない。貧しい中にも楽しいのは今のエリスとの暮らしであり、捨てられないのは、エリスの愛である。私の弱い心では決断などできるはずもないのだが、とりあえずその場は友の言葉に従って、エリスとの関係を断つ、と約束した。私は自分の守るべきものを守るために、自分の敵となる者には抵抗するが、友に対してはノーとは言えないのが常である。

相澤と別れて外に出ると、風が強く私の顔を打った。二重の硝子窓を厳重に閉めて、大きな陶製の暖炉で火を焚いているホテルの食堂を出たのだから、薄いコートを通して来る午後四時の寒さはことさらに耐え難く、肌が粟立つのとともに、私は心の中にも一種の寒さを覚えた。

翻訳は一晩で済ませてしまった。カイザーホーフへ通うこともこのときからだんだん頻繁になってゆくうちに、はじめは伯爵の言葉も用事だけだったのが、あとの方になると、最近日本で起こったことなどを話題にして私の意見を聞き、また折に触れてはこの道中での随行の人々に失策があったことなどを話してお笑いになったりするようになった。

ひと月ほど過ぎて、ある日伯爵は突然私に向かって、「わしは明日、ロシアに向けて出発しようと思う。ついて来ることができるか。」とお聞きになる。ここ数日、本来の公務で忙しい相澤の顔を見ていなかったので、この問いは突然私を驚かせた。「どうしてご命令に従わぬことがございましょうか。お供致します。」ここで私は自らの恥を明らかにしよう。この答えはすぱっと決断して言ったのではない。私は自分が信じて、信頼の思いを寄せる人に、いきなりものをたずねられた時には、とっさの間に、それに対する答えが自分の去就のどこからどこまでに及ぶかよく考えることもせず、すぐに承諾してしまうことがある。そして承諾したあとで、その実現がむずかしいことに気づいたとて、あえて返事をした当時心がぼんやりしていたのだということを包み隠し、耐え忍んで請け負ったことを実行することがしばしばあったのだ。

この日はこのところいつも受けとる翻訳の原稿料のほかに、ロシアへの旅費まで添えて下さったのを持って帰って、翻訳の原稿料をそのままエリスに渡した。これでロシアから帰って来るまでの生活費はきっと間に合うはずだ。エリスは医者に見てもらったところ、やはり妊娠しているのだと言われた。貧血の性があるため、何ヶ月か気づかなかったのだろう。座頭からは、休むことがあまり長くなるので籍を抜いたと言ってよこした。まだひと月程度のことであるのに、このように厳しいのは、おそらく含むところがあってのことだろう。エリスは私のロシア行のことにはそれほど悩み苦しむようには見えない。私の偽りない彼女への思いを、厚く信じていたからだ。

鉄道を使えばさして遠くもない旅であるから、特別な用意などもない。体型に合わせて借りた黒い礼服、新しく買い求めたゴタ板のロシア宮廷の貴族名簿、二、三種類の辞書などを、小さなかばんに入れただけである。そうはいっても、思いもかけない急な旅立ちでさすがに心細いことばかりが多い今回のことだから、自分がロシアへ旅立ったあとに残されるエリスも不安であろうし、また駅に来て涙をこぼされなどしたら大臣や相澤の手前うしろめたいことにもなろうということで、翌朝早く、エリスを母もろとも知人のところへ送り出してやった。私は旅装を整えて扉に施錠し、鍵を入り口に住む靴屋の主人に預けて出かけた。

ロシア行については、べつだん記すほどのこともない。私の通訳としての任務はあっという間に私を雲上の朝廷に連れて行ってその場に羽ばたかせた。私が大臣の一行に随行して、ペテルブルグにいた間に私の周囲をとりまいたのは、パリの最高峰のきらびやかさを雪と氷のままに移したようなロシアの王城の装飾や、特別に黄蝋《おうろう》の燭《しょく》を幾本ともなく灯しているところへ、いくつもの勲章や、幾すじもの肩章が光を照り返し、巧みを極めた装飾の暖炉の火に寒さを忘れて使う宮女の扇がひらめくような空間で、そこにあってフランス語を最も巧みに話せる者が私なのだから、客と主人の間を取り持って話を成り立たせるのもまた多くの場合私なのだった。

この間も、私はエリスのことを忘れなかった。いや、彼女は毎日手紙をよこしたので、忘れることができなかったのだ。私がロシアへ旅立った日は、いつもと違って一人で夜のともし火に向き合うのがこわかったから、知り合いのところに行って夜までおしゃべりをし、疲れるのを待つようにして家に帰って、すぐに寝た。次の日の朝目ざめた時は、まだ、一人であとに残っていることを夢ではないのだろうかと思った。起き出した時の心細さといったら、このような思いは生活が苦しくてその日食べるものがなかった時でさえ、したことがなかった。これが、エリスからの第一の手紙のあらましである。

また、しばらくしてからの手紙は非常に思いつめて書いたもののようだった。手紙を「いいえ」という言葉で書き起こしたものだ。「いいえ、あなたを思う心の深い深い底を今知ったのです。あなたは故国に親しい親族などいないとおっしゃいましたから、この国に良い勤め口さえあるならば、とどまりなさらないことがありましょうか、いえきっととどまりなさるでしょう。また私の愛でもってつなぎ止めないではおきません。それでも強《し》いてあなたが東の国にお帰りになることになるのでしたら、母と一緒に行くのが安心ですけど、それほど多くの旅費をどうして作ることができましょう。どんな仕事でもしてベルリンにとどまって、あなたが出世する日を待とうと普段は思っていたけれど、ほんのしばらくの旅と言ってお出かけになってからこの二十日ほど、別離の悲しみは日に日に大きくなるばかりでした。別れるということはただいっときの苦しみだなどと思ったのは気の迷いです。お腹の子がだんだん大きくなってゆく、そのことだってあるのに、まさか、どんなことがあろうとも、私を絶対にお捨てにならないで下さいまし。母とはひどく喧嘩しました。でも、私が年若かった頃のようではなくて、あなたについていこうと強く決心している様子を見て、あきらめてくれたのです。私が東へ向かう日には、ステッチンあたりの農家に、遠い親戚があるから、そこに身を寄せよう、と言ってくれました。お手紙に書いて来て下さった通り、大臣閣下に重用されなさったとしたら、私の旅費ぐらい何とでもなりますわよね。今はただひたすら、あなたがベルリンにお帰りになるのを、待つばかりです。」

ああ、私はこの手紙を目にしてはじめて、自分がどんな立場に置かれているのかを悟った。何とも恥ずべきは、私の鈍感な心である。私は自分自身の進退ひとつをとっても、また自分の人生とはかかわりのない他人のことについても、決断力があるのだと自尊心を有していたが、この決断は、普段のなにごともない平和な時にだけ存在するに過ぎず、とことん追いつめられた逆境においては、心の中に存在さえしていなかったのである。自分自身と他者との関係を曇りなく照らそうとする大事な時には、頼みに思っていた我が胸中の鏡は曇りに曇っていたのだ。

大臣は、もう私のことを親身に思って下さっている。しかし私の、近くだけをしか見ることのできない近視眼は、ただ自分が大臣のもとで果たすべき仕事の範囲だけを見ていた。大臣から翻訳を頼まれるこの関係に、私が自分の身の再起や立身出世などの望みをつなごうなどということは、神とてご存じであろう、つゆほども考えていないことだったのだ。しかしここではたと気づいた時、私の心はそれでも冷静であったと言えるだろうか。いや言えまい。相澤がドイツに来たはじめに彼が示唆した「大臣の信用」は、手の届かぬ屋上の鳥のように漠然としたものに過ぎなかったが、今はある程度、これを得ることができたかと思われる上に、相澤がこのところ何かの折に、「日本に帰ってからも一緒にこうしていられたら・・・」などと言ったのも、大臣がそのようにおっしゃったのを、友人とはいえ公の人事のことだからはっきりとは口にしなかったのだろうか。今になってはじめて悔やまれるが、私が軽率にも相澤に対して、エリスと別れようと約束したことを、相澤はもう大臣に言ってしまったのではなかろうか。

ああ、ドイツに来たはじめのころ、私が自分の本性を悟ったと思って、また器械的な人間にはなるまいと誓ったことなど、それはただ両脚を縛られたまま放たれた鳥が少しの間だけ羽を動かして自由を得たと誇っていただけのことなのではないか。つまるところ、脚の糸は解く方法がないのだ。以前それをあやつっていたのは、某《なにがし》省の長官であり、今はこの糸は、ああ何ということか、天方伯爵の手の中にあるのだ。私が大臣の一行とともにベルリンに帰ったのは、ちょうど元旦のことであった。停車場で一行と別れ、我が家をめざして馬車を急がせた。このあたりは、今でも大晦日の年越しの夜には眠らず、元旦に眠るのが習慣だから、道々通り過ぎる家々は、すべて静まり返っている。寒さはことのほか強く、路上で凍った雪はとがった氷片となって、晴れやかな元旦の朝日に映じ、きらきらと輝いている。車はクロステル街に曲がって、家の前に止まった。この時、窓を開ける音が聞こえたが、車からは見えない。馭者に鞄を持たせて階段を上ろうとしたそのときに、エリスが階段を駆け下りて来たのに出会った。彼女が一声なにかさけんで私の首すじに抱きついたのを見て、馭者はあきれた表情で、何やら髭の中でぼそぼそ言ったようだが、聞き取れない。

「よくぞお帰り下さいました。もしお帰りにならなかったら、私は死んでしまっていたでしょうに。」

私の気持ちはこの時もまだ固まっておらず、日本への望郷の念と、出世を望む心は、時にエリスへの愛の方を押しつぶそうとしたが、ただこの刹那において、どちらをとろうかとあれこれ思い悩んでいた迷いは消えて、私はエリスを抱きしめ、彼女は頭を私の肩にもたせかけて、エリスの喜びの涙がはらはらと、私の肩の上に散った。

「何階まで持って上がればいいのかね。」と、鑼《どら》のように叫んだ馭者は、さっさと登って階段の上に立っていた。

扉の外まで迎えに出てきたエリスの母に、馭者をねぎらって下さいと言って銀貨を渡し、私は手を取って引くエリスに連れられて、急いで部屋に入った。その中をひと目見て、私は驚いた。テーブルの上には白い木綿、白いレースなどをうずたかく積み上げてあったので。

エリスがほほえみながらそれを指さして、「何だと思います、私がこうして準備しているのを。」と言いながら一つの木綿のきれを取り上げたのを見ると、それはおむつであった。「私の気持ちの楽しさを考えてみて下さい。生まれて来る子は、あなたと同じ黒い瞳をしていることでしょう。この瞳。ああ、夢にまで見たのは、あなたの黒い瞳ばかりです。生まれた時には、きっとあなたの正しいお心で、まさか違う名前を名乗らせたりはなさらないでしょうね。」彼女はうつむいた。「幼稚だとお笑いになるでしょうけど、教会で子どもに洗礼を受けさせる日は、どんなにうれしいことかしら。」見上げたその目には、涙があふれていた。

二、三日の間は大臣のところも、旅の疲れがおありだろうと考えてあえてお訪ねせず、家にこもっていたが、ある日の夕方、使いがやって来てホテルに招かれた。行ってみると今回は待遇がことによろしく、ロシア行の苦労をたずね、慰労して下さったあと、「わしとともに日本へ帰る気はないか。君の学問はわしなどが思うより深いものがあるのかどうか、そこはわからんが、語学だけでも、十分今の日本の世の役に立つに違いない。ベルリン滞在がずいぶん長いから、置き去りにできぬ妻子などでもいるのではないかと、相澤に聞いてみたが、そんなことはないと聞いて安心したよ。」とおっしゃる。その様子は否定などできようはずもなく、それでも私は一瞬、ええい、ままよ、と思いもしたが、何といっても相澤の言葉が嘘だとは言えるはずもなく、また、もしこの大臣の大きな手にすがらなければ、本国の日本を失い、名誉を回復する道をも断ち切って、自分はこの果て知れぬヨーロッパの大都会の人海の中に葬られるしかないのか、と思う気持ちが、とどめようもなくこみ上げて来たのだった。ああ、なんという情けない、意志の弱さであろうか、その時天方伯に、「かしこまりました」と答えてしまったあの時のおろかさは。

たとえ鋼鉄の仮面でわが顔を覆っていたとしても、帰ってからエリスに、何と言えばよかろうか。ホテルを出た時の私の心の錯乱は、たとえようもないものだった。道の東西さえもわからず、深く沈潜したまま歩いていて、私は行き合う馬車の馭者に何度も怒鳴られ、驚いて飛びのいた。しばらくしてふとあたりを見回すと、あの動物園のある公園のそばに出ていた。倒れこむように道端のベンチに身をゆだねると、体じゅうが灼けるように熱く、ハンマーで殴られるようにがんがん痛む頭をベンチの背ずりにもたせかけ、死んだようなありさまでどれほど時を過ごしたのだろう。激しい寒さが骨身にしみるのを感じて目を覚ますと、夜になってから雪がさかんに降り、帽子のつばやコートの肩には一寸ほども積もっていた。

すでに十一時を過ぎたか、モハビットとカルル街を結ぶ鉄道馬車のレールも雪に埋もれ、ブランデンブルク門のほとりのガス灯がさびしい光を放っている。立ち上がろうとすると足が凍《ここ》えているので、両手でさすったところ、何とか歩けるぐらいにはなった。

足の運びが思うようにいかないので、クロステル街まで来た時は、零時を過ぎていただろうか。ここまでの道のりをどうやって歩いて来たかもわからない。一月上旬の夜だから、ウンテル・デン・リンデンの酒場やカフェーなどはまだ人の出入りが盛んでにぎやかだったはずだが、まったく覚えていない。私の頭の中は、ただただ自分が許すべからざる罪人なのだという思いだけか、渦巻いていた。

四階の屋根裏部屋で、エリスはまだ寝ていないものと見え、きらきらと輝く窓あかりが、暗い空にはっきり見えたかと思えば、鷺が舞い降りるように降りしきる雪のかけらに、さっとかき消され、また突然現れて、風にもてあそばれているようだった。アパートの入り口に入った刹那からひどい疲れを覚え、体の節々が痛くてたまらないので、這うようにして階段を上った。家に入って台所を過ぎ、居室の戸を開けて入ると、テーブルにもたれておむつを縫っていたエリスは振り返って、「あ!」と叫んだ。

「どうなさったのですか、そのお姿は。」

エリスが驚いたのも当然である。真っ青で死人と変わりないような私の顔色、帽子をいつの間にか無くし、髪はぼさぼさに乱れ、何度か道でつまずいて転んだから、洋服は泥まじりの雪で汚れていて、ところどころ破けてさえいるのだから。

私は返事をしようとしたが声が出ない。ひざががくがくとふるえてしまい、立っていることもできないので、椅子につかまろうとしたところまでは覚えていたが、そのまま床に倒れ伏してしまったのだ。

正気に戻ったのは、数週間も経ってからだった。熱が高くてうわごとばかり言っていたのを、エリスが懸命に介抱してくれていたのだが、そうするうちある日相澤がたずねて来て、私が彼に隠していた顚末を詳しく知ったが、大臣にはただ病気であるとだけ報告して、うまく取り繕《つくろ》っておいたのだ。私は意識を取り戻してはじめて、私のかたわらに付き添っているエリスを見て、その変わり果てた姿に驚いた。彼女はこの数週間のうちにひどく痩せて、目は血走った上に落ちくぼみ、ふくよかだった頬はげっそりこけて灰色になっている。相澤の金銭的な助けで毎日の生活には困っていなかったが、この恩人は、エリスを精神的に殺してしまったのだ。

後で聞いたところでは、エリスは相澤に会った時、私が相澤と交わした約束を聞き、またあの晩大臣に申し上げた帰国の承諾の件をも知って、突然椅子から立ち上がり、顔色はまるで土のようになって、「私の豊太郎さま、こんなにも私をだましていらっしゃったのね。」と叫び、その場に倒れたのだという。相澤はエリスの母を呼んで一緒に助け上げ、ベッドに寝かせたが、しばらくして気がついた時には、目は正面を見すえたままでそばに誰がいるかもわからず、私の名を呼んではひどくののしり、髪をむしり、蒲団を噛むなどしたかと思うと、はっと正気に戻ったようすで何かを探し求めるなどした。母が手わたすものをみな手当たり次第に放り投げていたが、テーブルの上にあったおむつを与えた時だけは、手さぐりをしてから顔に押し当て、涙を流して泣いた。

それからは騒ぐことはなかったが、精神活動はほとんど停止してしまい、赤子のように呆《ほう》けてしまった。医者に見せたところ、過激な心労のために急におこった「パラノイア」という病気だから、治る見込みはないと言われた。ダルドルフの精神病院に入れようとしたが、泣き叫んで聞かず、その後はただあのおむつ一つを持ち歩き、何度か取り出しては見、見てはすすり泣くことを繰り返した。私の臥せっているベッドのそばを離れないが、それさえはっきりわかっていてのことではないように思われた。ただ時々、思い出したように、「薬を、薬を」と言うのみだった。

私の病状はすっかりよくなった。そして生けるしかばねとなったエリスを抱き寄せ、絶えざる涙をそそいだことも幾たびだろう。大臣に随行して帰国の道中につく際には、相澤と相談してエリスの母に暮らしが何とか立つ程度の資金をわたし、かわいそうな、狂ったエリスの胎内に残して行く我が子が生まれた時のことをも、頼んでおいた。

ああ、相澤謙吉のような良い友は、生涯に二人と得ることはできないだろう。しかし私の脳裏にはぽつりと一点だけ、彼を憎む思いが、今日に至るまで残っているのである。

スーパー読解シートⅣ（栄進と破局）

⑳ 原文６８ページ３行目「心のみ急がれて（気がはやるばかりだから）」という表現には、相澤の豊太郎に対するどのような思いが投影されていると考えるか。

㉑原文６８ページ7行目〜「かはゆき独り子を出だしやる母もかくは心を用ゐじ（かわいい一人息子を送り出す母でさえ、これほどまでに気を配ることはしないだろう）。」〜「母ののたまふごとくならずとも（悪阻じゃなかったとしても）。」の二段落の前半で、ア．こまごまと豊太郎の身だしなみをととのえるエリスの心情はどのようなものか。

また後半でイ．三段階に変わってゆくエリスの言葉から、どのような心情が読みとれるか。感じたところを書け。

ア．

イ．

㉒原文70ページ3行目「食卓にては彼多く問ひて、我多く答えき」の場面で、「相澤が多くのことを質問し、自分（豊太郎）が多くのことを答えた」のはなぜか。自分の言葉で説明せよ。

㉓原文71ページ6行目～「余は守るところを失はじと思ひて、己に敵する者には抗抵《かうてい》すれども、友に

対して否とはえ対《こた》へぬが常なり（私は自分の守るべきものを守るために、自分の敵となる者には抵抗するが、友に対してはノーとは言えないのが常である）。」という「理屈」のもとに、エリスと別れることを相澤に約束した豊太郎のことを、どう思うか。

㉔原文71ページ10行目、「余は心の中に一種の寒さを覚えき（私は心の中に一種の寒さを覚えた）」とあるが、豊太郎が「心の中に覚えた」寒さとは、どのようなことだと考えるか。

㉕原文72ページ4行目～「この答へはいち早く決断して言ひしにあらず(この答えはすぱっと決断して言ったのではない)。」以下の「豊太郎の気質」についてどう考えるか。思う通りに書け。

㉖原文73ページ7行目～、「巴里《パリー》絶頂の驕奢を、氷雪のうちに移したる王城の粧飾」以下の描写は、ア．どこの国の都が、イ．どこの都市のきらびやかな様子をそのまま移植しているようだと述べているのか。ア．は国名、イ．は国名と都市名を答えよ。

ア．　国名

イ．　国名　　　　都市名

㉗原文75ページ5行目「嗚呼《ああ》、余はこの書《ふみ》を見てはじめて我が地位を明視し得たり(ああ、私はこの手紙を目にしてはじめて、自分がどんな立場に置かれているのかを悟った)。」とあるが、豊太郎は

ア．誰からの手紙で、イ．自分がどのような立場に置かれていることを悟ったのか、答えよ。

ア．　　　　　　　　からの手紙

イ．

㉘原文75ページ10行目「神も知るらん（神とてもご存じであろう）」とあるが、どのようなことを、「神も知っているだろう」と言うのか。

㉙原文77ページ11行目「よもあだし名をばなのらせたまはじ（まさか違う名前を名乗らせたりはなさらないでしょうね）」とは、誰が、誰に対して「あだし名（違う名）」を名乗らせないでしょうね、

というのか（「誰が」は「なのらせたまはじ」の主語である）。

誰が　　　　が

誰に　　　　　　　　　　　　　　に

㉚原文78ページ3行目以降で、天方大臣の「われとともに東《ひんがし》に還《かへ》る心なきか（私と一緒に日本に帰らないか）」という問いかけに「承りはべり（かしこまりました）」と即答し、「黒がねの額はありとも、帰りてエリスに何とか言はん（たとえ鋼鉄の仮面でわが顔を覆っていたとしても、帰ってエリスにどう言えばいいのか）」、と困惑している豊太郎の心情について、どう思うか。

㉛原文79ページ10行目〜「烱然《けいぜん》たる一星《いっせい》の火、暗き空にすかせば、明らかに見ゆるが、降りしきる鷺《さぎ》のごとき雪片に、たちまち掩《おほ》はれ、たちまちまたあらはれて、風にもてあそばるるに似たり（きらきらと輝く窓あかりが、暗い空にはっきり見えたかと思えば、鷺が舞い降りるように降りしきる雪のかけらに、さっとかき消され、また突然現れて、風にもてあそばれているようだった）。」の描写は、運命にもてあそばれるある存在を象徴していると考えられるが、それは誰か。

㉜原文80ページ2行目「いかにかしたまひし。御身の姿は（どうなさったのですか、そのお姿は）。」）の言葉にあらわれている「エリスの思い」と、それに対する自分の考えを述べよ。

（エリスの思い）

（自分の考え）

㉝原文８１ページ２行目～「我が豊太郎ぬし、かくまでに我をば欺きたまひしか（私の豊太郎さま、こんなにも私をだましていらっしゃったのね）。」というエリスの言葉を読んで感じたところを、率直に述べよ。

㉞原文８１ページ５行目～「母の取りて与ふるものをばことごとくなげうちしが、机の上なりし襁褓《むつき》を与へたる時、探りみて顔に押しあて、涙を流して泣きぬ（母が手わたすものをみな手当たり次第に放り投げていたが、テーブルの上にあったおむつを与えた時だけは、手さぐりをしてから顔に押し当て、涙を流して泣いた）。」というように、生まれ来る子どものために縫ったおむつを手にした時だけわずかに正気の世界とのつながりを持っていたらしいことを、どう思うか。

㉟原文82ページ1行目～「エリスが生ける屍《かばね》を抱《いだ》きて千行《ちすぢ》の涙をそそぎしは幾たびぞ（生けるしかばねとなったエリスを抱き寄せ、絶えざる涙をそそいだことも幾たびだろう）。」の箇所でみられる豊太郎の「絶えざる涙」は、のちに、ア．誰に対する、イ．どのような思いとなったのか、答えよ。

ア．

イ．

㊱原文82ページ4行目～「嗚呼《ああ》、相澤謙吉がごとき良友は世にまた得難《えがた》かるべし。されど我が脳裡《なうり》に一点の彼を憎むこころ今日《けふ》までも残れりけり（相澤謙吉のような良い友は、生涯に二人と得ることはできないだろう。しかし私の脳裏にはぽつりと一点だけ、彼を憎む思いが、今日に至るまで残ってい

るのである)。」という豊太郎の述懐は、この「舞姫」においてどのような位置を占めているか。

スーパー読解シートⅠ～Ⅳ　解答および記述例

① 原文11ページ6行目「一つとして新たならぬはなく」を現代語訳せよ。また、何という技法か（主として漢文で習う）。

一つとして新鮮でないものはなく

二重否定

② 原文11ページ11行目および12ページ3行目に「あらず、これには別に故《ゆゑ》あり（いや違う、これには別の理由があるのだ）」の表現が二度みられ、12ページ6行目の「人知らぬ恨みに頭のみ悩ましたればなり（誰にも知られることのない恨みに（肉体でなく）精神ばかりをさいなまれているからなのだ）。」へとつながって、「恨み」が導き出されているが、ここには主人公のどのような思いが投影されていると考えるか。

痛切な「人知らぬ恨み」があることを口ごもりながら、やがて明かすことで、その「恨み」をはばかりながらも言わずにはいられない、エリスへの哀惜と悔恨の思いが投影されている。

③原文12ページ9行目〜「文《ふみ》読むごとに、物見るごとに、鏡に映る影、声に応ずる響きのごとく、限りなき懐旧の情を喚《よ》び起こし」のところで、主人公の心に浮かんでくるのは誰か。

エリス

④原文12ページ10行目「幾たびとなく我が心を苦しむ」の「苦しむ」は、自動詞か他動詞か。理由も説明せよ。

他動詞　わが心「を」苦しむ（口語なら苦しめる）だから

⑤②の「恨み」とは、誰に対する「恨み」か。A．直接に考えられる人物の名、B．「恨み」を「悔恨」

（後悔して残念に思うこと／広辞苑）の意味にまで広義に解釈した上で、どのような思いか、説明せよ。

A．相澤健吉

B．表面的な「恨み」は、自分が人事不省に陥っているさなかにエリスに本当のことを言ってしまい、彼女を狂わせた相澤に向けられているが、もとはと言えば自分自身の優柔不断さこそが自分とエリスの仲を引き裂き、エリスを廃人としてしまったことを自覚しているので、自責の念と悔恨とがかわるがわる押し寄せてくるような思い。

※137ページ〜の㊱の記述例参照

⑥原文20ページ冒頭から、「余は幼きころより厳しき庭の訓《をしへ》を受けしかひに、父をば早く喪《うしな》ひつれど、学問の荒み《すさ》衰ふることなく、旧藩の学館に在りし日も、東京に出で予備黌《よびくわう》に通ひし時も、大学法学部に入りし後も、太田豊太郎といふ名はいつも一級の首《はじめ》に記されたりしに、独り子の我

を力になして世を渡る母の心は慰みけらし。」とあるが、このことは、この作品（『舞姫』）の主人公と恋人のエリスの身の上を決定するあることがらを引き起こす遠因となっている。その「あることがら」を答え、それを招いた豊太郎の気質をあらわす言葉を原文中から抜き出して書け。

ことがら　留学仲間のうちの「事を好む者」が官長に告げ口をし、官長に解雇されたこと。

豊太郎の気質　弱くふびんなる心

⑦原文20ページ最終行〜21ページ2行目「なんらの光彩ぞ、我が目を射んとするは。なんらの色沢《しきたく》ぞ、我が心を迷はさんとするは。菩提樹下と訳する時は、幽静なる境なるべく思はるれど、この大道髪《だいどう》のごときウンテル・デン・リンデンに来て両辺なる石だたみの人道を行く隊々《くみぐみ》の士女を見よ。（何という光彩だろうか、私の目を射貫《いぬ》かんばかりにかがやく街頭のきらめきは。そして何と魅力にあふれた色つやだろうか、私の心を身もだえさせるのは。それを「菩提樹の下」と訳す時には、静かなかそけき一隅を想起させるが、このまっすぐに伸びる大通りウンテル・デン・

リンデンに来て、左右に連なる石だたみの舗道をゆく、麗しく気品に満ちたカップルたちの様子を見ると良い)。」のくだりには、明治の洋行者がヨーロッパの大都会の様子に目を瞠《みは》る様子が描かれているが、「豊太郎」はなぜこれほど、見るもの聞くものに対して驚いているのか。歴史的背景を十分に考えた上で、自分の考えを書け。

明治維新後二十年経っていない当時、江戸期と大差ない日本の景観を見て育った豊太郎には、西欧の文化そのものがはじめて目にするものであり、その華やかさ、人々の自由さ、またキリスト教を前提とした文化のありように、自分の存在が根底からゆさぶられる思いがあったから。

⑧ 現代語訳27ページ最終行「はじめてここに来たものが目を奪われて落ち着く暇がないというのももっともである」にあたる表現を、原文中から二十五字で抜き出して書け。

はじめてここに来しものの応接にいとまなきもうべなり

⑨原文22ページ11行目～、豊太郎が「自由なる大学の風に当たりたればにや（自由な大学の空気の中で生きてきたためだろうか）」、「きのふまでの我ならぬ我を攻むるに似たり（昨日までの自分ではない自分を責めるように思われる）」という心境になったのはなぜだと思うか。

日本の封建的社会の空気の中で育った豊太郎だから、生きる道も、学問も仕事も、すべて家、親、上司から与えられるものを忠実に処理するだけの「昨日までの自分でない自分」であったが、西欧の大学の自由な空気の中で自己の存在を第一義に考える「自由」を知り、自分自身が本当に生きる道を見つけるべきだと思うようになったから。

---

⑩原文23ページ7行目～、「法科の講筵《かうえん》をよそにして、歴史文学に心を寄せ、やうやく蔗《しよ》を嚼《か》む境《さかひ》に入りぬ（法学部の講義をおろそかにして、歴史や文学に学問上の探究心を振り向けるようになって、ようやく学問の深いところを味わえる心境に至った）」とは、どういうことか。豊太郎がそれま

で「法科の講筵」をどのように感じており、「歴史、文学」をどのようなものととらえたのかを明らかにして説明せよ。

「法科の講筵」は官による職業的な学問に過ぎず、砂を噛むようなものであったが、歴史や文学を自分の求めるべき学問として味わうことができるようになって、学問の妙味を噛み分ける境地に至った、ということ。

⑪ 原文38ページ4行目〜、豊太郎が「クロステル巷《かう》（巷は狭く薄暗い小路）」を訪れるたびに、「心の恍惚《くわうこつ》となりてしばしたたずみしこと（心が陶然としてしばらくそこにたたずんだこと）」が多かったのは、なぜだと考えられるか。自分の考えを書け。

西欧の大都会を象徴するきらびやかなウンテル・デン・リンデンよりも、三百年の歴史を持つうらぶれたクロステル小路の方が、日本の己が故郷のたたずまいに通じるものを感じさせ、心安らぐものがあったからではないか。

⑫原文38ページ最終行～「この青く清らにて～我が心の底までは徹したるか。」の描写が、豊太郎とエリスの出会い、すなわち豊太郎がエリスをとらえた最初の印象である。ここから始まるこの日のことを後で豊太郎が形容している表現を、原文44ページ最終行「嗚呼、くはしくここに写さんも」から始まる段落より二十九字で抜き出して書け。

余がエリスを愛する情は、はじめて相見し時よりあさくはあらぬ

⑬原文41ページ1行目、「伏したるは亡き人なるべし」とは、誰のことを指しているか。具体的に答えよ。

エリスの父

エルンスト・ワイゲルト　※上記どちらでも可（「仕立物師」は×）

⑭原文42ページ8行目以降、豊太郎はドイツ留学の同僚の告げ口がもとで、省の長官に解雇される（クビになる）が、その原因と考えられることを三つあげよ。

・官長の求めや指示に従わず歴史や文学など自分の好きな学問に走っており、また官長に「法制の細目にかかづらふべきにあらぬ」として「一たび法の精神を・・・破竹のごとくなるべし」など反抗的な言動を取るようになり、疎まれていたから。

・留学仲間たちとビールを飲みに行ったり、ビリヤードをやったりするなどの付き合いをまったくせず、嫌われていたから。

・「よそ目に見るより清白なりき」というエリスとの交際が、周囲の人間からはそのように思われていなかったから。

⑮ 原文43ページ9行目～44ページ4行目にみられるエリスの舞姫としての境涯は、ア．豊太郎がエリスを思う心情と、イ．豊太郎を陥れた彼の留学仲間たちの心情に、どのように影響していると考えるか。

ア．そのような境遇でもエリスが清らかな心を保ちつづけていたことを喜び、エリスをいとおしむ気持ちが一層強くなっている。つまり、エリスへの愛を強める方向に影響している。

イ．エリスを「いやしい踊り子」と蔑む気持ちがあり、そのことが豊太郎への敵意を強くし、陥れてやろうという悪意へ発展する方向に影響している。

※⑮補足の問いかけ－エリスの「清らかな心」はどこから読みとれるか

原文３９ページ５行目～「君は善き人なりと見ゆ。彼のごとく酷くはあらじ。また我が母のごとく。」

原文３９ページ８行目～「我を救ひたまへ、君。わが恥なき人とならんを。（後略）」

座頭シャウムベルムのなぐさみものになることを拒み、「恥なき人」となることから逃れようとしている。

原文４１ページ１１行目～「（前略）金をば薄き給金をさきて返しまゐらせん。よしや我が身は食らはずとも。」

自分が飢えることになろうとも、シャウムベルヒの言いなりにはなるまいとしている。

原文45ページ11行目～「心の誠をあらはして、助けの綱を我に投げ掛けしはエリスなりき。」

強権的な母を説き伏せ、豊太郎の危機を救うために同居させている。

⑯原文44ページ11行目「嗚呼、くはしくここに写さんも要なけれど」にはじまる段落で、豊太郎とエリスは「離れ難《がた》き仲」となり、あとでエリスが豊太郎の子を宿すような仲になっている。ここで原文には、「この行ひありしを怪しみ、また誹《そし》る人もあるべけれど（このような行いがあったのを不思議に思い、また非難する人もあるだろうが）」と書かれているが、そのこと（豊太郎の倫理的責任）について、どう考えるか。自分の考えを書け。

・エリスが現代で言えば未成年であり、家庭の境遇が芳しくない（経済的に）ことから考えても、自分自身の身の振り方（勤め口）もどうなるかわからない、つまり男＝父親として責任が取れないような立場で、軽はずみなことはすべきでない。

・自分自身がどうしていいかわからない絶望の淵で、同じような絶望の淵の苦しみを知り、真剣に惹かれあっているエリスが、思いをひとつにしようとしてそばにいたのだから、結果はともかく刹那的な恋愛の経過としてはしかたがないのかも知れない。

⑰ 原文45ページ7行目、豊太郎の親友相澤謙吉が間接的に登場する。ア．「今我が同行の一人なる」とはどういう意味か、説明せよ。またイ．この時相澤が豊太郎の窮地を救った行為についてどう思うか、自分の考えを書け。

ア．天方大臣に認められ、ともに日本へ帰る船に、そもそもの天方大臣の秘書官として、当然同行している、天方大臣一行の同行者（「留学仲間」でないことに注意）。

イ．純粋に豊太郎の身の上を心配し、助けてやろうと思っての行動だから、男気があり友を思う心のあふれた賞賛すべき行為であると思う。

⑱原文46ページに書かれている豊太郎とエリスの生活を、どのように思うか。自分の考えを書け。

これこそが「貧しくとも楽しきは今の生活」であり、誰にもおびやかされるべきでないものであって、かわいそうなエリスの立場から見れば、豊太郎が何としてもしっかり守るべきであったものと考えられる。ただ、非常にもろいガラス細工のような日々と感じられる点が、巧みである。

⑲原文46ページ最終行以降、官職を罷免された（クビになった）豊太郎が、相澤の周旋で日本の新聞社の通信員となり、追い詰められた境涯ながら全力で奮闘する様子が描かれている。このことをまとめた次の文の空所に入る言葉を、エ．は三字、その他は二字で、それぞれ考えて書け。

ア（二字）の留学生としてのイ（二字）とウ（二字）は失ったが、新聞社のエ（三字）として独自のオ（二字）を養い、のちに天方大臣に認められるカ（二字）とキ（二字）を養った期間である。

ア　国家（日本）　イ　立場（地位）　ウ　学問　エ　通信員

オ　眼力　カ　見識　キ　思想　※カ・キは順不同

⑳原文68ページ3行目「心のみ急がれて（気がはやるばかりだから）」という表現には、相澤の豊太郎に対するどのような思いが投影されていると考えるか。

親友である豊太郎に、自分が仕える天方大臣に紹介することで再起のきっかけを作ってやろうという、あふれんばかりの豊太郎への好意、友情が投影されている。

㉑原文68ページ7行目〜「かはゆき独り子を出だしやる母もかくは心を用ゐじ（かわいい一人息子を送り出す母でさえ、これほどまでに気を配ることはしないだろう）」〜「母ののたまふごとくならずとも（悪阻じゃなかったとしても）。」の二段落の前半で、ア・こまごまと豊太郎の身だしなみをととのえるエリスの心情はどのようなものか。

また後半で、イ・三段階に変わってゆくエリスの言葉から、どのような心情が読みとれるか。感じたところを書け。

ア．愛する豊太郎が名誉を回復し、出世することのできるチャンスかも知れないと考えて、せめても自分が身なりを整えることで、豊太郎が日の当たる場所へ出る手助けをしたいと強く願っている。

イ．最初は見ちがえるほど立派になった豊太郎を見て誇らしい気持ちだったが、豊太郎があまりにも立派に見えてきてだんだん不安になり、やがて自分が捨てられるのではないかという怖れがきざしている。

㉒原文70ページ3行目「食卓にては彼多く問ひて、我多く答えき」の場面で、「相澤が多くのことを質問し、自分（豊太郎）が多くのことを答えた」のはなぜか。自分の言葉で説明せよ。

相澤は順風満帆な普通の人生を送って来ているが、豊太郎は波乱万丈でいろいろなことがありすぎたから。

㉓ 原文71ページ6行目〜「余は守るところを失はじと思ひて、己に敵する者には抗抵《かうてい》すれども、友に対して否とはえ対《こた》へぬが常なり（私は自分の守るべきものを守るために、自分の敵となる者には抵抗するが、友に対してはノーとは言えないのが常である。」という「理屈」のもとに、エリスと別れることを相澤に約束した豊太郎のことを、どう思うか。

敵には抗するが友にはあらがえないなどというのは自分勝手で幼稚な自己弁護に過ぎず、その二方向だけでなく三方向目に愛すべきエリスの存在があるのだから、そこのところを考えずに安易にエリスと別れる約束をしたことは、男として許されないことである。

㉔ 原文71ページ10行目、「余は心の中に一種の寒さを覚えき（私は心の中に一種の寒さを覚えた）」とあるが、豊太郎が「心の中に覚えた」寒さとは、どのようなことだと考えるか。

エリスとの「貧しくとも楽しき」生活が、自分の軽挙妄動によりそこなわれてしまうのを、うすうす予感しているということ。

㉕原文72ページ4行目～「この答へはいち早く決断して言ひしにあらず（この答えはすぱっと決断して言ったのではない）。」以下の「豊太郎の気質」についてどう考えるか。思う通りに書け。

「豊太郎の気質」がこの『舞姫』の大きなテーマであり、あのような結末に至るための下敷き、または整合性のよりどころなのだが、あまりにも情けないと思わずにいられない。

㉖原文73ページ7行目～、「巴里《パリー》絶頂の驕奢を、氷雪のうちに移したる王城の粧飾」以下の描写は、ア．どこの国の都が、イ．どこの都市のきらびやかな様子をそのまま移植しているようだと述べているのか。ア．は国名、イ．は国名と都市名を答えよ。

ア．　国名　ロシア

イ．　国名　フランス　　都市名　パリ

㉗原文75ページ5行目「嗚呼《ああ》、余はこの書《ふみ》を見てはじめて我が地位を明視し得たり（ああ、私はこ

の手紙を目にしてはじめて、自分がどんな立場に置かれているのかを悟った）。」とあるが、豊太郎はア．誰からの手紙で、イ．自分がどのような立場に置かれていることを悟ったのか、答えよ。

ア．　エリス　からの手紙

イ．大臣の信用を得ることができ、日本への帰国と社会的な再起が現実に近づいている一方、そのこととは相容《あいい》れない内妻のエリスが思いを募らせて結婚を迫っており、板ばさみの立場になっている。

㉘ 原文75ページ10行目「神も知るらん（神とてもご存じであろう）」とあるが、どのようなことを、「神も知っているだろう」と言うのか。

相澤の尽力で天方大臣の頼みごとを引き受け、つとめを果たすようになったが、その立場を利して日本に帰れるように売り込もうとか、立身出世しようなどということは、つゆほども考えていなかったこと。

㉙原文77ページ11行目「よもあだし名をばなのらせたまはじ（まさか違う名前を名乗らせたりはなさらないでしょうね）」とは、誰が、誰に対して「あだし名（違う名）」を名乗らせないでしょうね、というのか（「誰が」は「なのらせたまはじ」の主語である）。

誰が　**豊太郎**　が

誰に　**生まれて来る自分とエリスの子ども**　に

㉚原文78ページ3行目以降で、天方大臣の「われとともに東《ひんがし》に還る心なきか（私と一緒に日本に帰らないか）」という問いかけに「承りはべり（かしこまりました）」と即答し、「黒がねの額はありとも、帰りてエリスに何とか言はん（たとえ鋼鉄の仮面でわが顔を覆っていたとしても、帰ってエリスにどう言えばいいのか）」、と困惑している豊太郎の心情について、どう思うか。

あとになってからこのように悩むくらいなら、最初から相澤に「エリスと別れる」などと言うべきではないし、このような豊太郎の言い草はまったく言い訳めいていて、見苦しく思われる。

こうした豊太郎の「気質」がエリスを廃人にまで追い込んだのだと考えると、物語の設定としてはうなずけるが、豊太郎を人間として、男として評するならば、まったく筋の通っていない駄目な男であると言わざるを得ない。

㉛ 原文79ページ10行目～「烱然《けいぜん》たる一星《いっせい》の火、暗き空にすかせば、明らかに見ゆるが、降りしきる鷺《さぎ》のごとき雪片に、たちまち掩《おほ》はれ、たちまちまたあらはれて、風にもてあそばるるに似たり（きらきらと輝く窓あかりが、暗い空にはっきり見えたかと思えば、鷺が舞い降りるように降りしきる雪のかけらに、さっとかき消され、また突然現れて、風にもてあそばれているようだった）。」の描写は、運命にもてあそばれるある存在を象徴していると考えられるが、それは誰か。

エリス

㉜ 原文80ページ2行目「いかにかしたまひし。御身《おんみ》の姿は（どうなさったのですか、そのお姿は。）」

の言葉にあらわれている「エリスの思い」と、それに対する自分の考えを述べよ。

（エリスの思い）

　この時エリスは豊太郎が自分を裏切っているなどとは夢にも思わず、ぼろぼろになって帰って来た豊太郎のことをただ心配し、そのあと必死になって看病した。すなわち、一途に豊太郎のことを愛している。

（自分の考え）

　このすぐあとに相澤から本当のことを聞かされ、二度と正気に戻れない「パラノイア」になってしまったことを思うと、エリスがかわいそうすぎると思う。

㉝

原文８１ページ2行目～「我が豊太郎ぬし、かくまでに我をば欺きたまひしか。（私の豊太郎さま、こんなにも私をだましていらっしゃったのね。）」というエリスの言葉を読んで感じたところを、率直に述べよ。

黒い瞳を持った豊太郎の子を産むことを夢にまで見、知らぬこととはいえ自分を裏切って帰って来た豊太郎を必死に看病するなど、一途に豊太郎を愛していたエリスがあまりに哀れである。

誰の口から聞いても同じことだったかも知れないが、豊太郎自身でなく、豊太郎の恩人つまり自分の恩人とまで思っていたかも知れない相澤の口から冷たく聞かされたのだということが、エリスの哀れさを際立たせている。

㉞ 原文81ページ5行目〜「母の取りて与ふるものをばことごとくなげうちしが、机の上なりし襁褓《むつき》を与へたる時、探りみて顔に押しあて、涙を流して泣きぬ(母が手わたすものをみな手当たり次第に放り投げていたが、テーブルの上にあったおむつを与えた時だけは、手さぐりをしてから顔に押し当て、涙を流して泣いた)。」というように、生まれ来る子どものために縫ったおむつを手にした時だけわずかに正気の世界とのつながりを持っていたらしいことを、どう思うか。

二度と正気に戻らない状態となってまでも、豊太郎との間の子を産み育てることを夢見ていた証であるおむつだけが、エリスをわずかにつなぎとめているように感じられ、ふびんである。

㉟ 原文82ページ1行目〜「エリスが生ける屍《かばね》を抱きて千行《ちすぢ》の涙をそそぎしは幾たびぞ（生けるしかばねとなったエリスを抱き寄せ、絶えざる涙をそそいだことも幾たびだろう）。」の箇所でみられる豊太郎の「絶えざる涙」は、のちに、ア．誰に対する、イ．どのような思いとなったのか、答えよ。

ア　相澤

イ　恨み　または　憎むこころ

㊱ 原文82ページ4行目〜「嗚呼《ああ》、相澤謙吉がごとき良友は世にまた得難《えがた》かるべし。されど我が脳裡《なうり》に一点の彼を憎むこころ今日《けふ》までも残れりけり（相澤謙吉のような良い友は、生涯に二人と得るこ

とはできないだろう。しかし私の脳裏にはぽつりと一点だけ、彼を憎む思いが、今日に至るまで残っているのである)。」という豊太郎の述懐は、この「舞姫」においてどのような位置を占めていると考えられるか。

自分のことを大事に思ってくれる親友であり、再起のきっかけを作ってくれた恩人でもある相澤が、ただ一人自分が愛したエリスを再起不能の廃人にしてしまったどうしようもない状況への、やる瀬ない怒りをあらわすとともに、エリスへの思いが沈潜していることを言外に秘めた苦しい独白となっている。怒りや恨み、憎む思いが相澤に対してのものだけであるか、豊太郎自身をもその対象として含むのかは、意見の分かれるところだと思われるが、この一文があってこそ、鷗外とこの『舞姫』のことがこれほどまでに研究され、愛読される結果を生んだことは間違いないだろう。

明治二十一年の冬は来にけり－エリーゼへの思い

小田原漂情

作品中、豊太郎が天方大臣に命じられてロシアへ行くことになるくだりは（本書の原文67ページ）、「明治二十一年の冬は来にけり。」という一文で、新しい展開として書き起こされています。本書の現代語訳では、この一文を「明治二十一年の冬がとうとうやって来た。」と訳しました。かねてより私はこの一文に、鷗外の深い思いがこめられていると感じとっていたからです。

小説では、直接書かれていなくとも、作者の思いが強く投影されていると考えられる箇所が、随所にみられるものです。『舞姫』は、「鷗外の自伝的小説」などと紹介、解説されていることもありますが、もちろん豊太郎＝鷗外ではなく、できごとも鷗外のドイツ時代をそのまま写したものではありません。太田豊太郎という人物、また彼の言動も、けっして鷗外の人間、人生そのものではなく、モデルと推測される実在の人物もあるようですが（注1）、基本的には小説作品としての虚構（フィクション）であると考えられます。

ただ、この印象的な恋愛小説の悲劇のヒロイン「エリス」の、実在のモデルであった女性については、鷗外自身の意志や動向を含め、長年にわたってさまざまな研究・論争がなされてきたのも当然のことでしょう。その女性は、本書の表４（裏表紙）に掲載したモノグラムの持ち主であった「エリーゼ」という女性です。彼女についてもたくさんの研究がなされており、書籍も多数ありますので、詳細を知りたい方は、そうした書籍をご覧になって下さるようおすすめします（ネットで閲覧できる資料・文献も多数あります）。かんたんに鷗外とのかかわりをご紹介すると、明治二十一（一八八八）年九月、鷗外がドイツから帰国した直後に、鷗外のあとを追って来日した女性です（作中、豊太郎はイタリアを経て船で帰国したとあり、またエリーゼはドイツのブレーマーハーフェンから直接船で日本へ来たようで、五十日ほどかかった模様です(2)）。

エリーゼは横浜に到着したあと、上陸して築地に滞在していたようです。そして森家の人たちが、鷗外は彼女とは結婚できないと説得して、結局エリーゼはひと月あまり経ってから、ドイツへ帰国しているのです。

ここで鷗外の経歴をざっとふりかえっておきましょう。文久二（一八六二）年に石見《いわみ》国津和野（現在の島根県鹿足郡《かのあしぐん》津和野町）で津和野藩典医《てんい》の家に生まれ（典医とは殿様のお脈をとる、すなわち藩主の侍医《じい》のことで、御典医《ごてんい》とも言います）、明治維新後の廃藩置県による藩主の東京移住に付き従った父とともに上京し、満十歳だった明治五（一八七二）年から東京で育っています。

そして第一大学区医学校（東京医学校）予科に入り、のち東京医学校が東京開成学校と合併して東京大学医学部となった、その本科へ進んで、医学を学んでいます。東京大学医学部を卒業したのは明治十四（一八八一）年、十九歳の時とされていますから、この部分は『舞姫』の豊太郎の境涯と一致している（させている）わけですね。

その年の十二月には陸軍軍医副となり、陸軍に入っています。明治十七（一八八四）年からのドイツ留学も陸軍の命令によるものであり、翌明治十八（一八八五）年五月には陸軍一等軍医となるなど、ドイツに住んでいた鷗外森林太郎は、陸軍軍医として陸軍の一員であったのです。

エリーゼが自分を追って日本へやって来た時、鷗外が彼女のことを「どう思っていたのか」ということは、彼自身の明確な言葉として残されてはいません(しかし作品が強く語るものがある。それゆえ長い期間に多くの研究がなされているのです)。ただ鷗外の妹で、エリスとの折衝にあたった小金井良精の夫人小金井喜美子の文章には、「(前略)まさか詰《つま》らない人と知合《しりあひ》になどとは思ひますけれど、それまで主人の知己の誰彼が外国から女を連れて帰られて、その扱ひに難儀をしてゐられるのもあるし(後略)」「(前略)十月十七日になつて、エリスは帰国することになりました。だんだん周囲の様子も分り、自分の思違へしてゐたことにも気が附いてあきらめたのでせう。(後略)」などの記述があり、鷗外を除く森家の人々にとって、エリーゼは好ましからざる来訪者とみられていたため、「森家の家ぐるみの防衛」(注3)がなされたようです。(注4)。これから日本陸軍軍医として栄進(出世)の未来が開けている鷗外(林太郎)に、ドイツから連れて来た名も無い妻があるということは、森家の人々にとって、よくないことであったのでしょう。いわゆる「良家の子女」との縁談が持ち上がっていたという事情もあったようです(注5)。

また鷗外自身、ドイツでエリーゼを知った時、日本陸軍の一等軍医でした。現代とは、男女間の恋愛事情もまったく違いますし、軍医である鷗外にとって結婚などの身辺にかかわる制約は、私たちが想像もできないくらい大きなものであったことはまちがいありません（注6）。しかし、前述のモノグラムは、当時のドイツでは結婚を約束した女性が婚家へ持参する習慣のものであったということです（注7）。それを持ってはるばる日本までやって来たエリーゼに対し、鷗外は滞独中に結婚の約束をするか、少なくともそれに近い関係であったのだろうということは、想像されます。

そして作家が小説を書くとき、作家は自在に、自身の思いや事情を作品にしのびこませることができます。もちろん先述した通り自伝的小説と紹介されることもある『舞姫』ですが、これも先述した通り鷗外のドイツ留学時代の境遇や生活を、豊太郎がそのまま写しとっているわけではありません。鷗外は軍医として留学しましたが、豊太郎は法律を専門とする役人ですし、ずっとベルリンに住んでいます。しかし鷗外は留学中、研究、勉強の必要上ベルリンからライプチヒ、ドレスデン、ミュンヘンと転居し、最後にまたベルリンに戻っています。ですから出会いに至るまでの経緯や、エリスが「舞姫」であること（エリスの父の死や座頭シャウムペルヒの言いがかり）、豊太郎の免官の事情などは、小説としての虚構（フィクション）の部分とみていいのでしょう。

しかしながら、豊太郎がクロステル巷の古いたたずまいにひかれたところや、ウンテル・デン・リンデンの町並みやそこをゆく紳士淑女に目を奪われた感慨のさまなどは、やはりそのまま若き留学生森林太郎の感興だったのだと考えてよいはずです。また、ややうがった見方をすれば、免官後に新聞社の通信員となった豊太郎が「独逸《ドイツ》新聞の社説をだによくはえ読まぬがあるに」ともとの留学生仲間に批判的な視線を向けているところなど、十九歳で東大医学部を卒業した鷗外の、自負や批判精神を読みとることもできるのではないでしょうか。

そのようにして原文をとらえていくと、Ｉの問いかけ③にあげた「文読《ふみ》むごとに、物見るごとに、鏡に映る影、声に応ずる響きのごとく、限りなき懐旧の情を喚《よ》び起こし」や、「腸《はらわた》日ごとに九廻すともいふべき惨痛を我に負はせ」などの心情も、あるいはエリーゼを迎え入れることのできなかった（本意ではなかったかも知れませんが）鷗外が、ドイツへ帰って行った彼女のことを思い、実感したことであったのかも知れないとみることができます。

そして、それらの「心情」については、すべてが鷗外の実感であったと決定することは誰にもできないのですが（脚色し、練り上げたと読むのが普通かも知れません）、「明治二十一年の冬は来にけり」の一文については、鷗外がドイツから帰国したのがその年の九月八日であり、エリーゼが来日したのが同十二日、ドイツへ帰って行ったのが十月十七日という明確な事実があり、そのあと鷗外がエリーゼを思って苦悶したであろう時期が「明治二十一年の冬」にあたることが明らかです。さらに「来にけり」という文語表現は、ただ「来た」のではなく「来てしまった」「来たのである」などと訳される、書き手もしくは作中主体の心情に特別なものをこめるために用いる表現です。ここまで『舞姫』を書いて来た鷗外が、作中いよいよ豊太郎がエリスを裏切り、破滅へと追いやるくだりの冒頭にこの表現を用いたことは、エリスが「パラノイア」になったあとの「エリスが生ける屍《かばね》を抱《いだ》きて千行《ちすぢ》の涙をそそぎしは幾たびぞ。」などの表現と呼応する、エリーゼへの贖罪《しょくざい》の気持ちのあらわれだと言えるのではないでしょうか。さらに鷗外にとって、エリーゼを日本に迎えて娶《めと》ることができず、彼女をドイツへ帰したことは、自らの青春との訣別にあたるものだったのだろうとみる向きもあります(注8)。だとすれば、まさに「明治二十一年の冬は来にけり(明治二十一年の冬がとうとうやって来た)。」の一文には、鷗外の万感の思いがこめられていると考えてよいのだと思われます。

『舞姫』のこのくだりに限らず、文章上の表現からは、いろいろなことがらが読みとれるものです。教科書などの解説や授業で説明されたことだけでなく、自分の着眼で多様なものを見つけられるよう、たくさんの書物を読んで、読み方を鍛えて下さい。

私自身も最初にこの『舞姫』を読んだのは、高校生の頃でした。鷗外を追って来た女性の名が「エリーゼ」であると判明したのが一九八一(昭和五十六)年のことであるといいますから、私の高校時代は、その女性は作中のヒロイン「エリス」と同名だと考えられていたのであり、来日後も鷗外と会うことなく、説得されてドイツへ帰ったのだと言われていたわけです。その後、「エリーゼ」の名が発見され、さらに多くの研究の成果が発表されて、今日に至っております。今回、本書をつくるために、文京区立森鷗外記念館の各種展示や資料、森鷗外記念会発行の「鷗外」誌およびＷｅｂ上で閲覧できる複数の研究・文献を参照しましたが、とりわけ二〇二〇年に亡くなられた林　尚孝先生の「森鴎外と舞姫事件研究」に多くのことを学びました。林先生ならびにサイトを継続運営して下さっている二村一夫先生ほか関係者の方々に、あつくお礼を申し上げます。

注１　林　尚孝『「舞姫」の相澤謙吉のモデルは誰か」（森鴎外と舞姫事件研究１２　ｈｔｍｌ版／初出は「鷗外」９９号 平成二十八年七月）ほか

注２　林　尚孝「エリーゼはミュンヘンの『舞師』である‐『舞姫事件』考（その三）」ｈｔｍｌ版／初出は「鷗外」８３号 平成二十年七月）参照

注３　竹盛天雄『新潮日本文学アルバム　森鷗外』評伝

注４　小金井喜美子「兄の帰朝」／『現代語訳　舞姫』ちくま文庫所収

注５　鷗外の最初の妻である、海軍中将・男爵赤松則良の長女赤松登志子との縁談は鷗外の滞独中か

ら持ち掛けられており、鷗外帰日後の九月、エリス帰独後の十月に、媒酌人西周に森家からの承諾の返事が伝えられていたとのことです。　林　尚孝「鷗外にはエリーゼと結婚する意志がなかったのか‐『舞姫事件』考（その五）」（「鷗外」８６号）」参照

注６　陸軍武官結婚条例により、来日したエリーゼとただちに結婚することは不可能でした。　林　尚孝「小金井日記『軍医学舎一件アリ』の意味するもの‐『舞姫事件』考（その七）」（「鷗外」８８号）参照

注７　六草いちか『鷗外の恋　舞姫エリスの真実』河出文庫参照

注８　小泉浩一郎「横浜からの出航」（森　鷗外展‐近代の扉をひらく‐図録　部門解説第一部　県立神奈川近代文学館）

あとがき

森鷗外の『舞姫』を高校生たちに教えるようになって、二十年近く経ちました。私自身が高校生ではじめて同書を読んだ時と現在とで、大きく異なるのは、今の高校生のみなさんにとっては、この『舞姫』の原文が、まるまる難解な「古文の文章であるらしい」点です。

もちろん私が高校生だった四十数年前も、この文体がそのまま日常語だったわけではありませんが、微細な表現の妙は別にして、大意を読みとる上では、さほどの困難を感じることなく、全篇を読みとることができました。少なくとも、「我が豊太郎ぬし、かくまでも我をば欺きたまひしか。」というエリスの悲痛な叫びなどは、心に突き刺さるように受けとめられたものです。

言問学舎を開業して、ほどなくこの『舞姫』を生徒に教えた時、冒頭の「石炭をばはや積み果てつ。」の一文を読んだ瞬間に、その一文のえもいわれぬ語感がまるでスパークするように、エリスの（正気の）最後の叫びとつながって、身ぶるいする感覚を覚えました。私自身の身体が、言葉を通して自分自身の高校時代の感動を呼び覚ましたように思われます。本書に音読ＤＶＤをつけてあるのは、現在の高校生の方たちに、できるだけ原文の妙味を味わいやすくする工夫の一つでありますが、同時に『舞姫』という名作の感動を共有して欲しいという、読み手としての私の率直な願望によるものでもあります。

また一方、文語体の文章の意を読みとることがむずかしい今の高校生にとっては、鷗外の精緻な文章表現を読み解くことと合わせて、この『舞姫』をしっかり理解することがこの上ない文章読解の勉強になると考えました。そこで創業以来ずっと、高校の授業で多少ともこの作品に触れている生徒については、必ず時間を取ってきちんと指導することを、一貫した方針としてきたのです。

さらに昨今、ともすれば「文学は論理でない」とする流れが作られていることに、自身物書きである私として、軽々にそれを「是」として受け入れられるものではないという矜持があります。文語体で書かれた明治中期(というより日本の近代文学の勃興期)に書かれたこの作品を深く読むことで、感覚的(感性的)、また論理的な受容力のどちらの面をも、大きく伸ばしうる国語教材になるということを、微力ながらお示ししたいという考えから、本書を構成・執筆した次第です。願わくは多くの読者の方が、原文の文語の味わいで、この『舞姫』の表現の妙に触れることができるようになって欲しいと思っております。

現代語訳は私が致しましたが、逐語訳ではなく、一部の箇所では大胆に口語化した部分があります。全体の流れを読みとる上では、文語体の文章を口語として理解することの大きな勉強になるはずだと自負しておりますが、部分部分においては、古語辞典の語釈の組み合わせでは成り立たない現代語訳の表現があることを、おことわり致します。「この本でこう訳してあったから、この古語にこういう意味があるはずだ」という使い方はできない箇所もあることを、ご理解下さい。

なお、主として高校生に解説し、理解を促すべく、作品から読みとれる率直な解釈を主眼としたこと、また私自身が鷗外の「研究」の任に堪える立場になく、浅学でもありますので、独断、未熟な箇所も散見されるかと思います。至らぬ点については深くお詫びを申し上げるとともに、ご指導・ご鞭撻を賜りますよう、お願いを申し上げるものです。

本書がこれから『舞姫』を勉強する方の力になれること、お読み下さる方の国語力・読解力の向上に資することを、切に願います。

上梓に先立ち、母校との縁のおかげで、明治大学で教鞭をお取りになっている伊藤氏貴先生に、本書の本質を余すところなく語るすばらしい序文をいただくことができました。そして初校をすすめている段階で、森鷗外記念会常任理事・事務局長の倉本幸弘氏にお目にかかることができ、助言をいただくことができました。お名前はお二方をとくに掲げますが、『舞姫』と本書に関してこれまでお世話になったすべてのみなさまに、衷心よりお礼を申し上げます。

二〇二三(令和五)年三月八日

言問学舎舎主　小田原漂情

参考文献・資料等

鷗外全集　第一巻　岩波書店　昭和四十六年十一月二十二日発行
文京区立森鷗外記念館　常設展示、「鷗外遺産」、「水沫集」各展示、資料
現代語訳　舞姫　ちくま文庫　二〇二二年七月十五日　第二十二刷発行
鷗外の恋　舞姫エリスの真実　六草いちか　河出書房新社　二〇二〇年四月二〇日初版発行
鷗外　５号　森鷗外記念会　昭和四十四年五月二十五日発行
鷗外　６号　森鷗外記念会　昭和四十五年十月三十日発行
鷗外　８６号　森鷗外記念会　平成二十二年一月三十一日発行
鷗外　８８号　森鷗外記念会　平成二十三年一月三十一日発行
鷗外　８９号　森鷗外記念会　平成二十三年七月三十一日発行
森鷗外記念会通信Ｎｏ．１６７　平成二十一年七月三十一日発行
森鷗外展‐近代の扉をひらく　図録　県立神奈川近代文学館　二〇〇九年四月二五日発行
新潮日本文学アルバム１　森鷗外　二〇一七年一〇月二十五日一五刷発行
東京書籍　現代文（現文５４８）平成十六年二月十日発行
大修館書店　精選現代文（現文００８）平成十七年四月一日発行
東京書籍　精選現代文（現文０３０）平成二十一年二月十日発行
林　尚孝　森鷗外と舞姫事件研究　ｈｔｍｌ版
ほか、森鷗外、『舞姫』を扱ったサイト各種

表紙写真　鷗外肖像（水沫集訂正再版／春陽堂より）
エリーゼが持参したとされるモノグラム原板
いずれも文京区立森鷗外記念館所蔵

言問学舎の刊行物および小田原漂情著作一覧

◇言問学舎の刊行物

『国語のアクティブラーニング　音読で育てる読解力　小学５年～中学２年対応１』
　２０１９（平成３１）年３月
『国語のアクティブラーニング　音読で育てる読解力　小学２年～4 年対応１』
　２０１９（令和元）年６月
『文語文法の総仕上げ』小田原漂情編著
　２０１９（令和元）年１０月
『国語のアクティブラーニング　音読で育てる読解力　小学２年～4 年対応 2』
　２０２０（令和２）年８月
『たまきはる海のいのちを－三陸の鉄路よ永遠に』小田原漂情著
　２０２１（令和３）年３月
歌集『猛禽譚』石井綾乃著
　２０２２（令和４）年４月
『国語のアクティブラーニング　音読で育てる読解力　小学５年生以上対象 2』
　２０２２（令和４）年７月

◇小田原漂情著作

歌集『たえぬおもひに』１９８８（昭和６３）年５月（画文堂版）※絶版
歌集『予後』１９９１（平成３）年６月（画文堂版）
エッセイ集『遠い道、竝に灰田先生』１９９２（平成４）年１０月（画文堂版）
歌集『Ａ・Ｂ・Ｃ・Ｄ』１９９３（平成５）年６月（画文堂版）
歌文集『わが夢わが歌』１９９７（平成９）年６月（私家版。小田原明子と共著）
歌集 『奇魂・碧魂』１９９８（平成１０）年１１月（ながらみ書房版）
『小説　碓氷峠』２０００（平成１２）年３月（画文堂版）
『小説 呼子谷／花祭りと三河紀行』２０００（平成１２）年１２月（豊川堂版）
小説『遠つ世の声』２０１４（平成２６）年７月（電子書籍版）
『小説 碓氷峠』２０１４（平成２６）年１０月（電子書籍版）
『小説 鉄の軋み』２０１４（平成２６）年１０月（電子書籍版）
物語集『漂情むかしがたり』２０１５（平成２７）年１月（電子書籍版）
小説『海の滴』（電子書籍版）２０１５（平成２７）年９月
『たまきはる海のいのちを－三陸の鉄路よ永遠に』
　２０２１年（令和３）年３月（言問学舎版）

★「言問学舎版」の書籍はすべて一般書店ならびにネット書店からご注文いただけます。また小田原漂情著作（絶版、私家版を除く）を含め、言問学舎への注文も可能です。

スーパー読解『舞姫』
原文　森　鷗外
編著　小田原漂情
発行　有限会社言問学舎
東京都文京区西片二‐二一‐一二
電話　〇三（五八〇五）七八一七
印刷・製本　株式会社　嘉
二〇二三年五月一一日初版発行
定価　本体一、二〇〇円＋税
ISBN978-4-9910776-7-8